이천승 교수가

읽어주는 대학

스마트폰이 일상화된 현대인의 감각에 맞추어 저자가 직접
맥락을 고려하면서 내용을 읽어주고, 각 장별로 QR코드를
부착함으로써 언제 어디서든지 유튜브 〈이천승 교수가 읽어
주는 대학〉에 쉽게 접속할 수 있게 하였습니다.

이천승 교수가

읽어주는 대학

2023년 3월 15일 초판 1쇄 인쇄
2023년 3월 25일 초판 1쇄 발행

지은이 | 이천승
펴낸이 | 김태화
펴낸곳 | 파라아카데미(파라북스)
기획 · 편집 | 전지영
디자인 | 김현제

등록번호 | 제313−2004−000003호
등록일자 | 2004년 1월 7일
주소 | 서울 특별시 마포구 와우산로 29가길 83 (서교동)
전화 | 02) 322−5353   팩스 | 070) 4103−5353

ISBN 979−11−88509−68−3 (03140)

* 값은 표지 뒷면에 있습니다.
* 파라아카데미는 파라북스의 학술 분야 전문 브랜드입니다.

이천승 교수가

읽어주는 대학

 이천승 지음

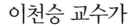

스마트폰이 일상화된 현대인의 감각에 맞추어
저자가 직접 맥락을 고려하면서 내용을 읽어
주고, 각 장별로 QR코드를 부착함으로써 언
계 어디서든지 유튜브 〈읽어주는 대학〉에 쉽
게 접속할 수 있게 하였습니다.

파라아카데미

이 책은 주자(1130~1200. 이름은 주희朱熹)가 『대학』을 풀이한 『대학장구大學章句』를 인성이란 관점에서 재조명한 것입니다. 주자에게 평생 공력이 깃든 한 권의 책을 꼽으라면 그는 주저 없이 이 책을 추천할 것입니다. 『대학』이 유학에서 지향하는 학문의 목적과 체계가 가장 잘 드러난 책으로 보았기 때문입니다.

아름다움을 추구하려는 인간의 욕망은 끝이 없습니다. 성형술의 발달로 자신의 여건과 선택에 따라 외모에 변화를 줄 수도 있습니다. 더구나 한국의 성형술은 이미 세계적 수준이며 성형수술을 위해 우리나라로 입국하는 관광객도 상당수일 정도입니다. 굳이 성형이 필요 없는 사람들조차 연예인과 같은 수준의 외모를 원하고 그들과 비슷비슷하게 닮아가곤 합니다. 이제는 취업 경쟁에서 외모가 주는 인상印象까지도 경쟁력이 된다고 믿는 사회가 되었습니다.

사람을 판단하는 중요한 요소이기도 한 인상은 단순히 외모에만 국한되는 것은 아닙니다. 어떤 사람의 이력에서 드러나는 좋은 스펙도 우선적인 관심의 대상입니다. 청년들이 외부에 비춰지는 자신의 인상을 좋게 만들기 위해 쏟아내는 속내는 처절할 정도입니다.

그러나 문제는 외부의 시선에 맞춘 인상만이 모든 것을 판가름할 수 있는 기준이 아니라는 점입니다. 인상은 물론이고 인성人性이라는 해묵은 복병이 도사리고 있기 때문입니다. 똑똑한 재능에 따뜻한 인간미까지 보여주어야 하는 이중고에 직면한 것이지요.

인재를 뽑는 마지막 관문에서 도덕성의 결함으로 낙마하는 경우를 자주 보곤 합니다. 도덕성을 뜻하는 인성이 실력이라는 말이 낯설지 않은 이유입니다. 그러나 정작 인성이 무엇인지를 꼬집어 말하는 것은 간단하지 않습니다. 일반적으로 인성은 사람의 성품이나 각 개인이 가지는 사고와 태도 및 행동 특성을 말하거나, 개인이 지닌 독특한 성향을 찾는 동시에 공동체를 배려하고 더불어 살아가는 힘을 뜻합니다. 여기에는 정직하고 책임을 다하며 타인을 존중하고 배려하는 등 많은 덕목이 제시됩니다. 그러나 그 저변에는 여전히 개인과 사회를 구분하고 효용의 극대화를 추구하려는 생각의 연장에 불과한 측면도 보입니다. 애초부터 공동체의 일부로서 개인을 바라보는 동양적 사유와는 거리가 있습니다.

우리 문화의 주요한 기반이었던 유학의 관점에서 인성은 인간의 내면에 갖추어진 확고불변한 본성이었습니다. 그 길은 사람답게 살아가는 밑그림이자 세대를 거쳐도 변함없는 정신적 DNA로 간주되었던 것이지요. 회피할 수 없는 그 길을 따라 사는 것이 사람다움의 실천을 위한 가장 중요한 가치였고, 그 길이 바로 인의예지仁義禮智라는 덕목으로 구체화됩니다. 주자는 『소학』의 첫 부분인 '소학제사小學題辭'의 첫머리에서 다음과 같이 소학의 정신을 요약하며 말합니다.

원형이정은 하늘의 일정한 질서요, 인의예지는 인성의 핵심이다.

元亨利貞은 天道之常이요 仁義禮智는 人性之綱이다.

자연계의 운행에 일정한 질서가 있듯이, 자연의 일부로서 사람의 본성에도 인의예지라는 도덕성이 있음을 명시하고 있습니다. 도덕성은 후천적 학습을 통해 형성된다고 배운 사람들에게는 뜬구름 잡는 말처럼 들릴지 모릅니다. 그러나 사람이 지닌 인의예지의 덕성에 대한 신뢰는 공자와 맹자를 정점으로 지속적으로 내려온 유학계의 불문율이었습니다. 타인의 고통을 차마 견디지 못하는 마음惻隱之心, 자신이나 타인의 잘못된 행위에 수치를 느끼는 정서羞惡之心, 독식하지 않고 사양하거나 양보하려는 자세辭讓之心, 옳고 그름의 가치를 분별할 수 있는是非之心 인간다움의 가치가 여기에 해당합니다. 이 모든 덕목의 시작이자 상황에 따라 다른 덕목을 포괄하는 마음이 바로 인仁입니다. 따라서 유학적 소양을 지닌 지식인들은 인의 정신을 해명하고 실천하는 것에 많은 관심을 보였던 것입니다.

인을 추구하려는 마음에 너무 몰입하면 자칫 현실을 벗어날 우려가 있고, 반대로 일상에서 반드시 인을 실천하겠다는 자세는 조급증에 빠질 수도 있습니다. '사랑한다' 말하지 않더라도 사랑함을 표현하듯이 치고 빠지는 전략에 성공한 이가 성리학의 집대성자인 주자朱子입니다. 주자에게 있어 사랑이란 저 멀리 있는 것이 아닙니다. 경건한 마음으로 자신을 직시하고 부딪치는 일상의 현실에서 내면의 울림대로 적절히 표현하면 되는 것으로 보았던 것이지요.

주자가 제시한 길은 우리가 사는 세상이 모두 연결되어 있는데 그 통로는 우리 마음속에 내재된 도덕성이라는 것입니다. 공감을 통한 소통은 하나됨으로 이어집니다. 연인처럼 친밀한 사이에서 서로를 부를 때 '자기'라 말하는 것은 상대방이 나의 확장이자 또 다른 나이기 때문입니다. 끊임없는 자기의 확대는 주변 모두를 자기로 만드는 과정이며, 사적인 자기를 잊고 세상과 하나됨을 추구합니다.

경쟁에서 자유롭기엔 어려운 것이 현실입니다. 그러나 진정한 경쟁의 출발점은 내 마음가짐에 있습니다. 마음먹기에 따라 인생의 청사진은 얼마든지 달라질 것입니다.

선현들이 배움의 출발선에서 항상 강조하는 말이 있습니다. '뜻을 세우라立志!' 그들에게 배움의 목적은 남보다 유리한 지점을 선점하려는 데 있지 않았습니다. 눈앞의 일상적 경쟁을 넘어섭니다. 그것은 천지를 위해 마음을 세우고, 백성들을 위한 표준을 세우며, 성현들을 대신하여 끊어진 학문을 이어가며, 먼 후세를 위해 태평을 열어주려는 열망이었습니다. 즉 공동선共同善을 향한 굳건한 마음이 주변에 대한 관심으로 확대되고 당대를 넘어 후대까지 태평성대를 이어가는 토대를 마련하려는 것이지요. 그들은 세속에 얽매이기 쉬운 마음을 털어내고 보다 큰 밑그림을 가슴속에 간직했습니다. 때로는 가장 이상적인 것이 가장 현실적입니다. 널리 혜택을 베풀어 대중을 구제하겠다는 박시제중博施濟衆과 같은 마음가짐이 뚜렷하게 있다면 내 주변의 고통을 쉽사리 외면하기 어려울 것입니다.

지식의 축적이 인격의 성장과 비례하지 않는 것이 우리 현실입니다. 배움이란 현실에 도움이 될 수 있는 실천적 지식으로 활용되어야 가치가 있습니다. 번지르르한 말 속에 은근슬쩍 본질이 빠져서는 안 될 것입니다. 실질이 없는 빈말에 감동할 사람은 그리 많지 않습니다. 내가 서 있는 위치에서 상황에 적합한 최선의 노력을 다할 때 나뿐만 아니라 나와 관계된 세상이 평화로워질 것입니다. 또한 그 자리가 공동체의 중심점에 가까울수록 그 파장은 커지므로 더욱 실질적입니다.

사람들은 겉으로 드러나는 인상보다는 내면의 진정성에서 우러나오는 행위에 더욱 매력을 느낍니다. 인상과 인성은 모음 하나의 차이에 불과하지만 올바른 인성 함양은 나도 살고 남들도 살리는 변함없는 출발점입니다. 새롭게 학문의 여정에 들어선 두 아들의 미래가 순탄하기 바라고, 꼼꼼히 교정을 봐준 이소영 박사생에게 고마움을 전합니다. 내 글처럼 공감하며 읽어주신 전지영 편집장님께도 고마움을 표함은 물론입니다. 아무쪼록 고전의 지혜가 담긴『대학』, 그리고 이에 대한 대표 주석서인 주자의『대학장구』가 바람직한 인성의 길을 되돌아보는 디딤돌로 자리매김하기를 소망합니다.

2023년 1월 31일

남안재南安齋에서
이천승 씁니다

|| 차례

大學

전통시대 지식인들은 『대학』이라는 유가의 경전도 중요시 여겼지만, 그보다도 이를 해석한 주자의 『대학장구大學章句』를 특별히 중시하였습니다. 주자는 송나라 성리학의 집대성자인 주희朱熹, 1130~1200를 가리키는데, 동아시아 전반에 끼친 그의 공로를 드높여 주희라는 이름 대신에 일반적으로 '주자朱子'라 존칭합니다. 공자나 맹자처럼 스승에 대한 존경의 마음을 듬뿍 담았던 것입니다.

　『대학』은 원래 『예기』 49편 가운데 수록된 한 편으로 북송시대 성리학자였던 정명도와 정이천 형제가 편차를 재정리하면서, 독립된 책으로 특별히 주목을 받게 되었습니다. 『중용』 역시 마찬가지 과정을 거쳤으며, 후대의 학자들은 『논어』, 『맹자』와 더불어 『대학』, 『중용』을 사서四書라 칭하며 주목하였습니다. 특히 주자는 『대학』에서 사람이란 어떤 존재이고, 사람다움을 찾아가는 방법이 무엇인지를 체계적으로 제시해주고 있는 것으로 파악하여, 사서 중에서 가장 먼저 읽어야 될 책으로 강조합니다. 그는 이를 알기 쉽게 설명하기 위해 『대학』을 단락章과 구절句별로 구분하여 『대학장구』라는 주석서를 완성합니다. 이 외에도 주자의 대표적인 책으로 『논어』와 『맹자』에 관한 여러 주석을 모으고 자신의 관점을 덧붙인 『논어집주』, 『맹자집주』, 그리고 장구라는 이름으로 출간된 『대학장구』, 『중용장구』가 있습니다. 이 책들은 주자학을 이해하는 텍스트로 자리 잡았습니다. 그 후 주자의 주석서는 동아시아에서 국가 공인의 과거시험 준비생뿐만 아니라, 지식인이라면 누구나 읽어야 될 필독서로서 변함없는 지위를 확보하였습니다.

주자의 『대학장구』 '서문'은 한자 문화권에서 비교적 익숙합니다. 그렇다면 왜 유학, 특히 성리학자들은 유별나게 주자의 서문을 중시했던 것일까요? 『대학장구』의 서문은 다음과 같이 교육의 목표를 제시하는 문장으로 시작합니다.

『대학』 책은 옛날 태학太學에서 사람을 가르쳤던 법이다.

大學之書는 古之大學에 所以敎人之法也라
대 학 지 도　　고 지 태 학　　소 이 교 인 지 법 야

똑같이 대학大學이라 썼지만 앞의 대학은 『예기』에 수록된 '대학'편을 말하며, 뒤의 대학은 옛날 교육을 담당하는 최고 교육기관인 '태학太學'을 가리킵니다. 큰 대大 자에는 더 할 수 없이 크고 끝없다는 의미가 있으므로 옛날에는 클 태太로도 읽었습니다. 여기서 『대학』이란 책이 학문의 으뜸이요, 그것을 가르치는 최고의 기관이 태학이었음을 알 수 있습니다. 참고로 태학과 같은 맥락에서 조선시대 교육을 담당하는 국가 최고 교육기관으로는 성균관成均館이 있습니다. 중국

식 학제를 수용한 한국에서는 고구려의 태학, 신라의 국학, 고려시대 국자감을 이어 조선시대의 성균관에 이르기까지 시대에 따라 이름은 달랐지만 교육을 통한 인재양성에 소홀히 하지 않았습니다. 그리고 성균관에서의 교육과 행정에 관련된 기록인 『태학지太學誌』를 통해 전통시대 교육의 대강을 확인할 수 있습니다.

주자는 태학에서의 교육에 관한 법이 『대학』 한 권에 수록되어 있다고 보았습니다. 가르치고 기른다는 교육의 교敎에는 본받는다는 의미가 있습니다. 본받을 내용은 삶의 지침을 제시했던 성현의 가르침이었고 후세가 따라야 될 법도였습니다. 교육의 중요성은 예나 지금이나 다르지 않지만 '사람다움을 가르치는 법'은 쉽지 않습니다. 실용지식의 전수나 교양의 확대 차원에 그치는 것이 아니기 때문입니다.

유학에서는 사람이 사람다울 수 있도록 일깨워 주는 '교화敎化'가 교육의 핵심목표였습니다. 내면에서 자발적으로 우러나오는 마음가짐과 도덕적 행위를 지향하므로 교육보다는 교화라는 말을 더 선호했던 것입니다. 믿음이나 신앙의 차원에서 교화가 아닙니다. 자발적인 도덕적 행위와 일상에서의 체화되고 변화하는 삶을 교육의 목표로 삼았던 것입니다. 주자는 그러한 교육의 방향과 부합되는 실질적인 텍스트로서 『대학』을 주목했습니다. 그가 생각하는 사람이란 도덕적 인간이었고, 교육을 통해 비로소 내재된 도덕성이 현실화된다고 보았습니다.

하늘이 사람을 낼 때부터 이미 인의예지仁義禮智의 본성을 주지 않음이 없었다. 그러나 그 부여받은 기질이 때로는 같을 수 없었으므로, 이 때문에 모두 그 본성이 있는 바를 알아 온전함을 두지 못하였다. 어떤 똑똑하고 슬기로워 그 본성을 다 할 수 있는 자가 그들 사이에서 나오면 하늘이 반드시 명하시어 수없이 많은 백성의 임금과 스승이 되게 하여 그들을 다스리고 가르쳐 그들의 본성을 회복하도록 하였다. 이것이 복희·신농·황제·요·순이 하늘의 뜻을 이어 사람의 표준을 세우고 繼天立極 사도의 직책과 전악의 관직을 설치한 이유이다.

蓋自天降生民으로 則旣莫不與之以仁義禮智之性矣언마는
개 자 천 강 생 민　　　즉 기 막 불 여 지 이 인 의 예 지 지 성 의

然其氣質之稟이 或不能齊라
연 기 기 질 지 품　　혹 불 능 제

是以不能皆有以知其性之所有而全之也라
시 이 불 능 개 유 이 지 기 성 지 소 유 이 전 지 야

一有聰明睿智能盡其性者가 出於其間이면 則天必命之하사
일 유 총 명 예 지 능 진 기 성 자　　출 어 기 간　　즉 천 필 명 지

以爲億兆之君師하여 使之治而敎之하여 以復其性하니
이 위 억 조 지 군 사　　사 지 치 이 교 지　　이 복 기 성

此伏羲 神農 黃帝 堯 舜이 所以繼天立極하여
차 복 희 신 농 황 제 요 순　　소 이 계 천 입 극

而司徒之職과 典樂之官을 所由設也라
이 사 도 지 직　　전 악 지 관　　소 유 설 야

※ **강**(降): 내리다. **품**(稟): 내려주다. 품부받다. **총명예지**(聰明睿智): 밝고 지혜로움. **억조**(億兆): 수많은. **복**(復): 회복하다. **극**(極): 표준. **사도**(司徒)·**전악**(典樂): 교육을 담당하는 관리.

'인의예지仁義禮智' 네 글자는 인간의 도덕윤리를 강조하는 유학의 대표적 키워드입니다. 공자는 인을 자기 삶의 핵심 가치로 삼았고, 인을 통해 사람다운 세상을 만들고자 했으며, 맹자는 그러한 생각을

확장시켜 인과 의, 혹은 인의예지라는 굳건한 도덕률로 정립시켰습니다. 그러한 전통은 12세기 송나라 시대에 이르러 유학의 부흥, 일반적으로 신유학Neo-Confucianism 혹은 성리학性理學이라 부르는 새로운 학문에서도 여지없이 강조되는 내용입니다. 우리는 유학의 참다운 정신의 회복을 꿈꾸는 일군의 사상가들의 정점에 주자가 있었으므로 주자학朱子學이나 성리학性理學이라 말하기도 합니다. 그가 집대성한 학문의 근간 역시 인의예지의 재발견과 그러한 정신으로의 회복이었습니다. 주자는 『대학장구』서문에서도 그 점을 분명히 하고 있는 것입니다.

주자는 하늘이 사람을 낼 때부터 이미 인의예지仁義禮智의 본성을 주지 않음이 없었다고 말합니다. 다만 인간에게는 잠재된 도덕적 본성이 분명히 내재되어 있지만, 우리는 그러한 본성을 제대로 알아서 온전히 실현시켜 나가지 못한다고 보았습니다. 나에게 그리고 우리 모두에게 내재된 도덕적 본성, 즉 인의예지는 구체적으로 다음과 같습니다.

인은 온화하고 자애로운 도리이며, 의는 판단하고 마름질하는 도리이며, 예는 공경하고 절제하는 도리이며, 지는 옳고 그름을 분별하는 도리이다. 이 네 가지는 사람의 마음에 갖춰진 것으로 성의 본체다.[1]

---

1. 『대학장구』서문의 소주. "仁則是箇溫和慈愛底道理; 義則是箇斷制裁割底道理; 禮則是箇恭敬撙節底道理; 智則是箇分別是非底道理. 凡此四者, 具於人心, 乃是性之本體."

인의예지에 대하여 간단명료하게 정리된 듯하지만, 자세히 보면 하나같이 어려운 말입니다. 일상에서 우리가 진정으로 만나고 싶은 사람은 누구일까요? 남들을 배려할 줄 아는 따뜻하면서도 자애로운 사랑의 마음을 지니고 있는 사람, 이해관계를 떠나 변함없이 자신의 올곧음을 지키면서 실천하는 사람, 자신을 내세우기 보다는 타인의 말을 경청하며 잘못된 욕망을 절제하는 사람, 도덕적 양심에 따른 사리 판별이 분명한 사람 등일 것입니다. 그러나 만약 세상물정 모르고 마음만 착하다면 바보취급 당하기 쉽습니다. 사랑에도 절제가 필요하듯이, 의로움은 맺고 끊음이 분명하면서 단호한 자세가 필요합니다. 또한 올바름을 추구하는 의로운 행위는 자칫 딱딱한 경직됨으로 이어질 수 있으므로 원활한 관계를 위해 상대에 대한 공경한 마음과 절도를 갖춘 예의바른 행동, 역시 잊어서는 안될 것입니다. 그리고 옳고 그름을 판단하는 충분한 안목을 갖춰야만 상황에 맞는 행동을 할 수 있겠지요. 단순히 안다는 것만으로는 부족하고 지식을 넘어 지혜로 나아가는 슬기로운 자세가 필요합니다. 이처럼 우리 마음속에 넘쳐나는 지혜가 다시 사랑으로, 의로움으로, 예의바름으로 이어지는 순환고리가 형성됩니다. 따뜻한 가슴과 냉철한 머리를 갖춰야 한다는 말도 이런 의미이겠지요.

이 모든 덕목들은 인위적으로 꾸민다고 되는 것이 아닙니다. 도덕적 인간으로서 우리 자신에 대한 분명한 이해와 수양의 실천노력이 뒤따라야 합니다. 인의예지를 인간의 본성으로 명시하는 까닭은 한 사람 한 사람의 도덕적 수양을 위한 노력이 모든 이들의 도덕적 본성을 환기시켜 큰 반향과 공명을 불러일으키는 계기가 되기 때문입니다.

그러나 이상과 현실은 다릅니다. 전통시대 지식인들은 도덕적 본성의 실현을 가로막는 원인을 대체로 기질의 차이에 있다고 보았습니다. 태어날 때부터 신체적으로 혹은 정신적으로 다름은 물론이고, 각자가 처한 사회문화적 환경 역시 다르기 때문입니다. 그러한 차이를 넘어 우리 모두가 지향할 인간다움의 공유지점은 어떻게 확보할 수 있을까요? 성리학에서 제시한 방법은 애초의 순수한 본성의 회복, 즉 '복기성復其性'입니다. 그리고 회복할 본성이란 바로 우리 모두에게 내재된 인의예지라는 보편적 도덕률이었습니다. 흔히 정신이 나갔다거나 미쳤다는 말을 점잖게 표현하면 실성失性했다고 합니다. 이는 본성을 잃은 상태입니다. 성리학자들은 이를 개인적 욕망이나 욕구 등 각자의 기질적 측면에 사로잡혀 본래적 자아가 지닌 참다운 모습을 놓치고 있다고 진단합니다. 삶의 과정에서 식욕·성욕·수면욕 등 감각적 욕망은 피할 수 없지만, 조절할 수 있기에 애초의 순수한 바탕으로 회복하려는 기질변화의 교육이 강조되었던 이유이기도 합니다.

욕망의 무절제는 자신뿐 아니라 타인에게까지 많은 피해를 끼치기도 합니다. 주자는 그 잘못된 현상을 올바른 방향으로 선도했던 위대한 인물로 요임금이나 순임금을 제시합니다. 그들은 백성을 위한 마음을 아낌없이 보여주었고, 본성의 회복을 위한 교화에도 노력했던 분들입니다. 먼저 깨달은 선각자로서 사명의식도 놓치지 않았습니다. 성인으로 칭송받던 그들에게는 그러한 자질이 있었고, 그 탁월한 덕성을 총명예지聰明睿智라 말합니다. 보통은 총명하다는 것은 똑똑하거나 기억력이 좋다는 말이고, 예지는 미래를 예측하는 말로 사용되기도 합니다. 그러나 한 글자씩 풀이하면 좀 더 선명하게 성인의 모습을 떠올릴 수 있습니다. 총聰은 귀가 밝다는 것으로 듣지 못하는 것이 없다는 말로, 옳고 그름의 시비문제를 넘어 자연계의 소리까지도 들을 수 있는 능력을 말합니다. 명明은 눈으로 보지 못한 것이 없다는 명석함을 뜻합니다. 예睿는 세밀한 일까지 모든 것에 통달하고 꿰뚫어 본다는 의미로, 어디가 끝인지 알 수 없는 사유의 깊이를 보여줍니다. 지智는 지혜로 터득하지 못하는 일이 없다는 뜻입니다. 지혜 지智 자는 때로는 알다는 지知 자와 같이 쓰이면서 문맥에 따라 해석을 달리하는 경우가 많지만, 단지 지각능력이나 지식만을 지혜로 여기지는 않습니다.

이처럼 본래부터 성인에게 갖춰진 네 가지 뛰어난 자질인 총명예지는 후천적으로 길러지는 재능의 측면이 아닙니다. 모든 이들의 마음을 보고 듣고 사태를 파악하고 판단할 수 있는 뛰어난 정신의 소유자를 뜻하기 때문입니다. 지극히 맑고 지극히 순수한 성인의 자질은 생지生知라는 두 글자로 말하기도 합니다. 나면서부터 천부적으로 알고 있는 탁월한 능력으로 주로 인격의 훌륭함을 가리킵니다. 그 뛰어나고 비상한 능력은 주머니에 송곳을 넣으면 삐쭉이 튀어나오듯 감춘다고 감춰질 수 있는 것이 아닙니다. 세상은 그런 사람에게 관심을 보이게 마련입니다.

통치자로서 그리고 교육사로서 탁월한 자질을 갖춘 그들은 인간 본성本性의 회복에 노력하였던 선구자들입니다. 바로 주자가 제시한 복희·신농·황제·요·순 등입니다. 하늘의 뜻을 이어 인간세상의 표준을 세웠던, 즉 계천입극繼天立極했던 인물들입니다. 지도자의 사명의식을 이처럼 간결하면서도 핵심적으로 표현하기란 쉽지 않을 것입니다. 또한 그들을 보좌하기 위해 순임금은 설契을 시켜 교육의 장관인 사도司徒로 삼아 윤리도덕을 가르치게 하였고, 기夔를 전악典樂에 명하여 미래의 통치자인 자식들의 교육을 담당하게 하였습니다.

이처럼 저마다의 '본성을 회복하자復其性'는 것은 진리를 먼저 깨달은 선각자들이 내세운 푯대였습니다. 주자는 정치 및 교육의 최전선에서 본성 회복을 통한 인간다움의 길을 선도하는 것이 마땅하고, 그 구체적 지침이 『대학』이란 책에 올곧게 담겨 있다고 확신합니다. 아울러 인간의 참모습을 회복하는 것은 성리학자들의 정치적 이상이기도 하였습니다.

하夏, 은殷, 주周, 세 왕조가 융성해짐에 따라 그 법이 점차 갖추어진 다음에 천자의 수도인 왕궁과 제후의 도읍으로부터 민간에 이르기까지 학교를 두지 않음이 없었다. 사람이 태어나 8세가 되거든 왕이나 제후 이하로 서인의 자제까지 모두 소학小學에 보내 물 뿌리고 쓸며 호응하고 대답하며 나아가고 물러나는 예절禮, 음악樂, 활쏘기射, 말몰기御, 글쓰기書, 셈하기數 등의 글을 가르쳤다.

15세가 되거든 천자의 맏아들과 여러 아들, 그리고 공, 경, 대부, 원사의 적장자 및 모든 백성 가운데 준수한 자들까지 모두 태학太學에 보내 도리를 탐구하고 마음을 올바르게窮理正心 하며 자신을 수양하고 남을 다스리는修己治人 법도를 가르친다. 이는 또한 학교의 가르침에 크고 작은 절차가 나누어진 까닭이다.

三代之隆에 其法이 寖備 然後에 王宮 國都로
삼 대 지 융   기 법   침 비 연 후   왕 궁 국 도

以及閭巷히 莫不有學하여 人生八歲커든 則自王公以下로
이 급 여 항   막 불 유 학   인 생 팔 세   즉 자 왕 공 이 하

至於庶人之子弟히 皆入小學하여 而敎之以灑掃應對
지 어 서 인 지 자 제   개 입 소 학   이 교 지 이 쇄 소 응 대

進退之節과 禮樂射御書數之文하고 及其十有五年커든
진 퇴 지 절   예 악 사 어 서 수 지 문   급 기 십 유 오 년

則自天子之元子 衆子로 以至公卿 大夫 元士之適子와
즉 자 천 자 지 원 자 중 자   이 지 공 경 대 부 원 사 지 적 자

與凡民之俊秀히 皆入大學하여
여 범 민 지 후 수   개 입 태 학

而教之以窮理正心 修己治人之道하니
이 교 지 이 궁 리 정 심 수 지 치 인 지 도

此又學校之教가 大小之節이 所以分也라
차 우 학 교 지 교   대 소 지 절   소 이 분 야

※ **융**(隆): 크다. 높다. **침**(寢): 점차. **여항**(閭巷): 마을이나 동네. **쇄**(灑): 물뿌리다. **소**
(掃): 빗질하다. 쓸다. **사**(射): 활쏘다. **어**(御): 말몰다. **적**(適): 맏아들 적(嫡)과 같은
글자. **준수**(俊秀): 뛰어나다. **궁**(窮): 끝까지 탐구하다.

우리는 주자가 지은 『대학장구』 서문을 통해 당시 교육의 목표와
내용, 그리고 행정 등에 관한 일련의 정보를 얻을 수 있습니다. 전통
적으로 『천자문』이나 『동몽선습』 등의 한자를 익히는 초급 단계를 거
친 다음에 읽는 책은 『소학』이었습니다. 따라서 『소학』은 처음 배우는
기초적인 공부를 뜻합니다. 그러나 정작 그 내용은 결코 간단하지 않
습니다. 그렇다고 고차원적인 사상을 언급하지도 않습니다.

『소학』을 뜻하는 대표적인 말은 물 뿌리고 청소한다는 쇄소灑掃와
인사하고 호응한다는 응대應對를 합친 쇄소응대灑掃應對입니다. 자기
주변을 깨끗이 청소하고 사람과의 관계 맺는 방법과 그 절차를 익혀
나간다는 것입니다. 나아가 6가지 기예인 육예六藝를 익혔습니다. 예
절禮, 음악樂, 활쏘기射, 말몰기御, 글쓰기書, 셈하기數는 예절과 음악
을 통한 심성의 수련, 활쏘기와 말몰기 등 몸으로 익히는 체력단련,
글쓰기와 셈하기로 대표되는 재능의 습득이 종합적으로 포함되어 있
습니다. 달리 보면 예절과 음악이 덕성德을 함양시키기 위한 교육이
라면, 글쓰기와 셈하기 등은 지능知개발의 과정이고, 활쏘기와 말몰

기는 체력體 단련을 의미한다고 할 수도 있을 것입니다.

지덕체知德體의 조화라는 말이 아직도 낯설지 않듯이, 모두가 일상생활을 크게 벗어난 것이 아닙니다. 그러나 자기 주변 정리도 제대로 못하는 경우나 타인들과의 소통부재에 직면하고 있는 현실을 고려할 때 『소학』에서 제시된 일상은 결코 가볍게 지나칠 수 없을 것입니다. 두 손 모아 인사하는 공수拱手법을 모른다고 예절이 없다고 할 수 없지만, 어렸을 때라면 그때의 눈높이에 맞춰 몸가짐을 만들어가는 과정이 필요합니다. 몸이 기억하도록 하는 것이지요. 옛날 교육제도에서 '소학'의 입학연령이 8세라는 점을 감안한다면, 마음보다는 올바른 몸가짐을 중시하였음을 알 수 있습니다.

그러나 언제까지 체험교육 수준에만 머물 수는 없을 것입니다. 15세 즈음에 입학하는 '태학'에서는 그 공부의 규모와 내용이 커집니다. 태학의 입학 조건은 『소학』교육을 마친 15세가 기준이며, 그 자격요건은 황태자를 포함한 왕자들·고위 관리들의 맏아들·매우 총명한 백성의 자제들입니다. 입학 자격 조건부터 우리가 생각하는 현대의 대중화 교육과는 상당히 다릅니다. 그러나 과거 신분제의 제약이란 점을 넘어 미래의 지도자가 될 국가적 인재를 본격적으로 양성하려는 측면에 주목해 보아야 할 것입니다.

주자는 태학에서 실시하는 공부란 도리를 탐구하고 마음을 올바르게 하며窮理正心 자신을 수양하고 남을 다스리는 법도修己治人라고 규정합니다. 진리를 탐구하고 그와 마주하는 자신의 마음을 올바르게 세우려는 것입니다. 객관적 지식을 이해하려는 것은 나의 본래 모습을 직시하려는 것입니다. 참다운 자기 자신에 대한 성찰은 타인과의 원활한 관계맺음을 위한 출발지이기 때문입니다. 개인의 도덕적 수양에 기초한 타인배려는 공동체를 향한 열린 마음이기도 합니다. 굳이 『논어』 첫머리에서 제시된 배우고 때로 익힌다는 학이시습學而時習을 떠올리지 않더라도, 유교문화권에서 배움은 무엇보다도 중요한 일이었습니다. 그리고 과거 지식인들은 자신의 도덕적 본성을 자각하고 오륜五倫의 윤리덕목을 실천하는 것을 배움의 으뜸으로 생각하였습니다. 이는 이어지는 주자의 말처럼 일상에서 실천하는 윤리적 삶이었습니다. 이하는 그러한 교육의 결과가 질서 있고 평화로운 사회로 가는 길임을 서술하고 있습니다.

학교의 설립이 이처럼 넓고 가르치는 방법이 이처럼 차례와 절목이 상세하다. 그렇지만 그 가르치는 목적은 모두 군주가 몸소 행하고 마음에서 얻은 결과에 근본하고 백성들이 일상에서 살아가는 떳떳한 윤리를 벗어나 찾을 필요가 없다. 그러므로 당시 사람들은 배우지 않음이 없었고, 배웠던 자들은 각자의 본성에 고유한 바와 직분의 당연한 바를 알아서 저마다 노력하여 자신의 힘을 다하지 않음이 없었다. 이는 옛날 융성할 때 정치가 위에서 높아지고 풍속이 아래에서 아름다워서 후세에 능히 따를 수 있는 바가 아닌 이유였다.

夫以學校之設이 其廣이 如此하고 敎之之術이
부 이 학 교 지 설   기 광   여 차   교 지 지 술

其次第節目之詳이 又如此로되 而其所以爲敎는
기 차 제 절 목 지 상   우 여 차   이 기 소 이 위 교

則又皆本之人君躬行心得之餘요
즉 우 개 본 지 인 군 궁 행 심 득 지 여

不待求之民生日用彝倫之外라
부 대 구 지 민 생 일 용 이 륜 지 외

是以로 當世之人이 無不學하고
시 이   당 세 지 인   무 불 학

其學焉者 無不有以知其性分之所固有와
기 학 언 자 무 불 유 이 지 기 성 분 지 소 고 유

職分之所當爲하여 而各俛焉以盡其力하니
직 분 지 소 당 위   이 각 면 언 이 진 기 력

此古昔盛時에 所以治隆於上하고 俗美於下하여
차 고 석 성 시   소 이 치 륭 어 상   속 미 어 하

而非後世之所能及也라
이 비 후 세 지 소 능 급 야

※ **이**(彝): 떳떳하다. **면**(俛): 힘쓰다.

참고로 소학과 대학의 차이에 대하여 정조의 물음에 대한 다산의 질문을 소개하기로 하겠습니다. 정조는 국왕이기 이전에 풍부한 학식을 갖춘 스승의 면모를 지녔던 인물입니다. 당시 전도유망한 젊은 관료들을 대상으로 직무를 면제하는 대신 규장각에서 일정기간 교육과 연구과정을 거치는 초계문신抄啓文臣 제도를 실시하였는데, 당시 단연 두각을 나타낸 인물이 바로 다산 정약용이었습니다. 정조는 질문합니다.

『소학』의 공부가 아직 크게 진전되지 않을 경우에도 나이를 고려하여 승급시켜야 하는가, 아니면 학업의 성취도를 고려하여 유급시켜야 하는가?

다산은 『소학』과 『대학』이 나이가 아닌 학문의 효과와 쓰임새에 따른 구분일 뿐이라며 말을 이어갑니다.

이는 학문을 하는 순서를 개략적으로 말한 것입니다. 군자가 덕을 진작시키고 학업을 닦음에 재능이 높은가 낮은가와 공부를 열심히 했는가, 또는 태만하게 했는가에 따라 성취의 차이가 있습니다. 실천 공부와 같은 것은 단계를 뛰어 넘어서는 안될 것입니다. 어찌 모든 것을 나이 기준으로 한두 살의 차이를 견주고 다투겠습니까?[2]

그리고 『대학장구』에서는 시대를 훌쩍 뛰어넘어 맹자까지 이어지는 역사적 흐름을 간단히 정리합니다.

주나라의 쇠약함에 이르러 어질고 성스러운 군주가 나오지 않고 학교의 정책이 닦이지 않아서 교화가 침체되고 풍속이 퇴패하니, 이때는 공자 같은 성인이 계시더라도 임금과 스승의 지위를 얻어 정치와 가르침을 행할 수 없었다. 이에 홀로 선왕의 법을 취하여 외워 전해서 후세를 가르치시니 「곡례」·「소의」·「내칙」·「제자직」 같은 여러 편들은 진실로 『소학』의 지류와 말단이요, 이 책은 『소학』의 이룬 공으로 인하여 『대학』의 밝은 법을 드러냈으니, 밖으로는 그 규모의 큼을 극진함이 있고, 안으로는 그 절목의 상세함을 다함이 있다. 3,000여 문도가 그 설을 듣지 않음이 없건마는 증씨의 전함이 홀로 그 종지를 얻어 이에 전의傳義를 지어 그 뜻을 드러냈다.

---

2. 다산 정약용의 『대학강의』 참조.

맹자가 돌아가심에 미쳐 그 전함이 없어지니 그 책은 비록 있으나
아는 자가 적었다.

及周之衰하여 賢聖之君이 不作하고 學校之政이 不修하여
급 주 지 쇠   성 현 지 군 부 작   학 교 지 정   불 수

教化陵夷하고 風俗頹敗하니 時則有若孔子之聖이사도
교 화 능 이   풍 속 퇴 패   시 즉 유 약 공 자 지 성

而丑得君師之位하여 以行其政教하시니
이 부 득 군 사 지 위   이 행 기 정 교

於是에 獨取先王之法하여 誦而傳之하여 以詔後世하시니
어 시   독 취 선 왕 지 법   송 이 전 지   이 조 후 세

若曲禮 少儀 內則 弟子職 諸篇은 固小學之支流餘裔요
약 곡 례 소 의 내 칙 제 자 직 제 편   고 소 학 지 지 유 여 예

而此篇者는 則因小學之成功하여 以著大學之明法하니
이 차 편 자   즉 인 소 학 지 성 공   이 저 대 학 지 명 법

外有以極其規模之大하고 而內有以盡其節目之詳者也라
외 유 이 극 기 규 모 지 대   이 내 유 이 진 기 절 목 지 상 자 야

三千之徒가 蓋莫不聞其說이언마는 而曾氏之傳이
삼 천 지 도   개 막 불 문 기 설   이 증 씨 지 전

獨得其宗일새 於是에 作爲傳義하여 以發其意러시다
독 득 기 종   어 시   작 위 전 의   이 발 기 의

及孟子沒而其傳泯焉하니 則其書雖存이나 而知者鮮矣라
급 맹 자 몰 이 기 전 민 언   즉 기 서 수 존   이 지 자 선 의

※ 이(夷): 평평해지다. 침체됨을 뜻함. 퇴(頹): 무너지다. 퇴패(頹敗)는 무너져 문란하
다는 뜻. 조(詔): 가르치다. 예(裔): 끝자락.

대개 『대학』의 저자는 공자의 제자인 증자로 알려져 있습니다. 증
자의 이름은 삼參이며 자字는 자여子輿입니다. 그는 공자보다 46살
아래로, 공자가 72세에 돌아가셨음을 고려한다면 증삼의 나이는 20
대 초의 열혈 청년으로 공자의 말년 제자에 해당합니다. 증자의 "맡

은 일에 대한 충실하고, 대인관계에서 신뢰를 쌓아가며, 배움을 자기화하려는 노력이 필요하다"[3]는 세 가지 성찰을 뜻하는 '삼성三省'은 『논어』 가운데에서도 유명한 구절입니다.

일반적으로 공자의 도통道統은 증자에게 전해지고, 그를 통하여 자사와 맹자에게 전해졌다고 말합니다. 그런데 공자 사후에 공자의 말과 언행을 기록한 『논어』, 자사의 저작인 『중용』과 맹자의 저작인 『맹자』는 있는데, 증자 자신의 저서로 단정할 책은 없습니다. 주자 이전에 『대학』의 저자를 명시적으로 말하지 않았던 이유이기도 합니다. 그러나 『대학』의 저자가 증자라는 주자의 설명은 도통道統, 즉 유교 진리의 계보를 염두에 둔 확고한 의도가 반영된 것입니다. 그리고 주자의 『대학장구』가 14세기 원나라 과거시험의 국가공인 교재로 채택되어, 대학이 사서四書 중의 하나로 확실하게 자리잡게 된 것입니다.

주자학은 중국뿐 아니라 조선을 포함한 유교문화권에서 그들이 제시한 도통의식은 확고한 진리의 계보학이었습니다. 공자, 증자, 자사, 맹자는 성균관 문묘의 한 중심에서 유학의 중심으로 추앙받았습니다. 그리고 그들의 사상이 담긴 『논어』, 『대학』, 『중용』, 『맹자』는 학자라면 누구나 알아야 될 네 권의 유교경전인 사서四書로 자리매김합니다. 진리를 전하는 전도傳道적 입장에서 증자의 학문이 유교문화권에서 공식적으로 인정을 받게 된 것이지요. 이는 도통을 염두에 둔

---

3. 『논어』 학이편. "曾子曰 吾日三省吾身, 爲人謀而不忠乎? 與朋友交而不信乎? 傳不習乎?"

주자의 구도가 성공적이었음을 반증하는 것입니다.

독서의 순서 역시 체계적입니다. 『대학』에서는 학문의 틀거리를 익히면서 수기치인의 이상을 되새기고, 『논어』에서는 공자의 일상생활을 통해 드러난 인의 정신을 배우고, 『맹자』에서는 의리를 중심으로 도덕적 인간을 지향하는 유학의 정신을 재확인하고, 그리고 『중용』을 통해 대자연과 호흡할 수 있도록 인간의 위상을 한껏 드높입니다. 이처럼 사서를 공부함에 있어서도 『대학』→『논어』→『맹자』→『중용』의 학문순서가 있었습니다. 결국 주자에 의해 이루어진 증자의 『대학』 저술이라는 공식은 만들어진 역사일지 몰라도 학문의 체계, 그리고 일상의 도덕화를 꾀하려는 신유학에서는 생기를 불어넣는 계기로 적극 활용되었던 것입니다.

이로부터 세속 선비들의 기송記誦: 기억하고 외움과 사장詞章: 문장의 익힘이 그 공이 『소학』보다 배가 되었으나 쓸모가 없었고, 이단의 허무虛無하고 적멸寂滅한 가르침이 그 높이가 『대학』보다 더하였으나 실상이 없었다. 기타 권모와 술수의 일체로써 공명을 이루는 학설과 저 여러 방면의 기술을 가진 부류들이 세상을 의혹시키고 백성을 속임으로써 인의를 막는 자들이 또 어지럽게 그 사이에서 섞여 나왔다. 그리하여 그 군자로 하여금 불행히도 큰 도의 요체를 얻어 듣지 못하게 하고, 소인으로 하여금 불행히 지극한 다스림의 은택을 얻어 입지 못하게 하여 어둡고 막히며 반복돼 침체되고 고질화되어 번갈아 일어난 다섯 나라들이 쇠약함에 이르러 무너지고 혼란함이 지극하였다.

自是以來로 俗儒 記誦 詞章之習이 其功倍於小學而無用하고
자 시 이 래　속 유 기 송 사 장 지 습　기 공 배 어 소 학 이 무 용

異端虛無寂滅之敎가 其高過於大學而無實하고
이 단 허 무 적 멸 지 교　 기 고 과 어 대 학 이 무 실

其他權謀術數 一切以就功名之說과 與夫百家衆技之流가
기 타 권 모 술 수 일 체 이 취 공 명 지 설　 여 부 백 가 중 기 지 류

所以惑世誣民하여 充塞仁義者가 又紛然雜出乎其間하여
소 이 혹 세 무 민　 충 색 인 의 자　 우 분 연 잡 출 호 기 간

使其君子로 不幸而不得聞大道之要하고 其小人으로
사 기 군 자　 불 행 이 부 득 문 대 도 지 요　 기 소 인

不幸而不得蒙至治之澤하여 晦盲否塞하고 反覆沈痼하여
불 행 이 부 득 몽 지 치 지 택　 회 맹 비 색　 반 복 침 고

以及五季之衰而壞亂極矣라
이 급 오 계 지 쇠 이 괴 란 극 의

※ **기**(記): 기억하다. **송**(誦): 암송하다. **사**(詞): 말씀. **적**(寂): 고요하다. **무**(誣): 속이
다. **색**(塞): 막다. **분연**(紛然): 어지럽다. **몽**(蒙): 입다. 영향을 받다. **회**(晦): 어둡
다. **맹**(盲): 봉사. **비**(否): 막히다. **고**(痼): 고질병. **괴**(壞): 무너지다.

주자는 문화융성의 측면에서 유학의 가치를 재조명합니다. 강대한
힘을 보여주었던 한나라나 당나라보다는, 비록 국력은 약했지만 남
송시대의 문화저력에서 유가문명의 빛을 보았습니다. 『대학장구』에
서는 맹자가 활동했던 전국시대를 훌쩍 뛰어넘어 중간과정은 생략하
고 바로 송나라로 넘어가면서 세 가지 주요한 흐름이 있었음을 지적
합니다.

첫째로 문장력 향상을 위해 암기에만 치중했던 세속의 유자들에
대한 지적입니다. 『소학』의 실천공부보다 몇 배의 노력을 기울였건만
이는 무용無用한 학문이라 단정합니다. 외적 기준에 맞추다보니 자신
의 참모습을 찾으려는 공부에 소홀히 하여 공부하는 진정한 목적이
상실되었다는 것이지요. 둘째로 당시 시대조류였던 허무나 적멸의

경향을 보이던 도교나 불교를 이단으로 보고, 실질이 없다無實는 비판을 쏟아냅니다. 현재의 일상을 떠나 추구하는 진리란 비현실적이라는 판단인 것입니다. 이것은 유학, 특히『대학』에서처럼 도덕적 개인이 만들어가는 공동체의 질서를 표준으로 제시하려는 의도가 있습니다. 셋째로 공명심에 사로잡혀 권모술수로 모든 것을 처리하려는 세속적 가치와 다양한 기예들을 경계합니다. 도덕보다 이익을 앞세우는 것은 세상을 속이고 백성을 기만하는 처사라는 것입니다.

이러한 주자의 비판은 과거 그 당시의 질문에 그치지 않습니다. 우리에게 배움이란 무엇을 목적으로 해야 하는가, 현실의 일상에서 찾아져야 할 진리란 무엇인가, 공동체를 향한 사회질서의 모습은 어떻게 구성되어야 하는가? 학문, 진리, 질서 등에 관한 굵직굵직한 질문들은 그때나 지금이나 여전히 우리들 앞에 놓인 문제입니다.

『대학』의 의미와 가치를 한껏 높였던 주자는 다음과 같은 내용으로 서문을 마무리합니다.

하늘의 운수가 순환하여 가면 오지 않음이 없기 때문에 송나라의 덕이 높고 성대하여 다스리고 가르침이 아름답고 밝았다. 이에 하남의 정씨 두 부자가 나오시어 맹씨의 전함을 접함이 있었으니, 실로 처음으로 이 책을 높이고 믿어 세상에 드러내고 이미 또 이를 위하여 책의 내용에 따라 순서를 바로 정하고 그 목적을 밝히셨다. 그런 다음에야 옛날 태학에서 사람을 가르치던 법과 성인의 경전과 현인의 전함의 뜻이 찬연히 다시 세상에 밝아지니, 비록 나처럼 어리석더라도 또한 다행히 사숙私淑하여 참여해 들음이 있었노라.

다만 그 책이 아직도 빠진 부분이 상당히 있기 때문에 고루함을 잊고 뽑아 모았으며, 사이사이에 또한 나의 의견을 덧붙여 그 빠진 곳을 보충하여 뒤의 군자를 기다리노라. 지극히 참람되고 주제넘어 죄를 피할 수 없음을 알지만, 그러나 국가의 백성을 교화하고 풍속을 이루려는 뜻과 배우는 자들의 자신을 닦고 남을 다스리는 수기치인修己治人의 방법에는 반드시 조금의 보탬이 없지 않다고 말할 것이다.

1189년 2월 4일 신안 주희는 서문을 쓴다.

天運이 循環하여 無往不復일새 宋德이 隆盛하여 治敎休明하시니
천 운 순 환 무 왕 불 복 송 덕 융 성 치 교 휴 명

於是에 河南程氏 兩夫子出하사 而有以接乎孟氏之傳이라
어 시 하 남 정 씨 양 부 자 출 이 유 이 접 호 맹 씨 지 전

實始尊信此篇而表章之하시고 旣又爲之次 其簡編하여
실 시 존 신 차 편 이 표 장 지 기 우 위 지 차 기 간 편

發其歸趣하시니 然後에 古者大學敎人之法과
발 기 귀 취 연 후 고 자 대 학 교 인 지 법

聖經賢傳之指가 粲然復明於世하니 雖以熹之不敏으로도
성 경 현 전 지 지 찬 연 부 명 어 세 수 이 희 지 불 민

亦幸私淑而與有聞焉호라 顧其爲書가 猶頗放失일새
역 행 사 숙 이 예 유 문 언 고 기 위 서 유 파 방 실

是以로 忘其固陋하고 采而輯之하며 間亦竊附己意하여
시 이 망 기 고 루 채 이 집 지 간 역 절 부 기 의

補其闕略하고 以俟後之君子하노니 極知僭踰無所逃罪어니와
보 기 궐 략 이 사 후 지 군 자 극 지 참 유 무 소 도 죄

然이나 於國家化民과 成俗之意와 學者 修己治人之方엔
연 어 국 가 화 민 성 속 지 의 학 자 수 기 치 인 지 방

則未必無小補云이니라
즉 미 필 무 소 보 운

淳熙 己酉 二月 甲子에 新安 朱熹는 序하노라
순 희 기 유 이 월 갑 자 신 안 주 희 서

※ 휴(休): 아름답다. 장(章): 드러내다. 취(趣): 뜻. 희(熹): 주희(朱熹) 자신을 가리킨다. 숙(淑): 사모하다. 예(與): 참여하다. 고(顧): 다만. 파(頗): 상당히. 채(采): 가려내다. 사(俟): 기다리다. 참(僭): 참람되다. 도(逃): 달아나다.

주자학은 주자 개인의 학문적 성취를 넘어 송나라의 새로운 유학적 기풍을 충분히 담아내고 있습니다. 특히 정명도와 정이천으로 대표되는 이정二程 형제의 학문을 '사숙私淑'했다는 주자의 언급에서 그의 자부심을 엿볼 수 있습니다. 마치 맹자가 스스로 자신의 학문은 여러 사람을 거슬러 올라가 공자를 사숙했다고 표현하듯이 정통의 계승에 대한 강한 자부심과 경전이해의 자신감을 보여주는 것입니다.

주자는 「대학」을 증자가 지은 것으로 명시하는 한편, 『대학장구』에서 기존의 「대학」을 경經 1장과 전傳 10장으로 편차를 구분하였습니다. 필요에 따라 경문의 순서를 과감히 재편하기도 하였고, 격물치지와 같은 부분은 자신의 견해를 수록하여 그 의미를 적극적으로 보강하기도 했습니다. 아울러 『대학장구』에 대한 보충자료로 『대학혹문大學或問』을 지었는데 이를 활용하면 주자의 주석이 어떠한 의도에서 만들어졌는지 알 수 있습니다.

주자가 서문의 말미에 썼듯이 『대학장구』는 백성을 교화하고 좋은 풍속을 이루려는 지도자들을 위한 지침서였습니다. 특히 자신을 수양하고 남을 다스리는 수기치인修己治人의 구체적 방법이 포함되어 있는데, 이는 인격적으로 성숙하고 타자를 배려할 줄 아는 큰 인물大人 만들기 프로젝트에 착수하려는 것입니다. 그래서 『대학』을 대인의 학문大人之學이라 말하며, 위대한 가르침의 길The way of greater learning이라 번역합니다. 큰 사람 큰 학문에 나아가는 지침서라는 말이지요.

『대학』은 인생이라는 먼 길을 가기 위한 지침을 제시해주는 것이므로 세상을 제대로 마주하고 싶은 이들을 위한 책입니다. 하루 여행을 가려면 간단히 점심만 준비하면 되지만, 인생이라는 먼 길을 떠나기 위해서는 준비해야 될 것이 많습니다. 특히 높이 가려는 자의 책임의식은 어떠해야 되는지 『대학』이라는 책이 바로 그 지침의 역할을 해줄 것입니다.

성균관 명륜당

대학을 읽는 방법[讀大學法]

주자는 공부하는 방법, 특히 그가 크게 관심을 보였던 『대학』의 공부법에 대해 구체적으로 설명하고 있습니다. 사서 가운데 가장 체계적으로 구성된 책이 『대학』임을 강조하는 것은 물론이고, 공부는 이렇게 해야한다는 나름의 원칙을 보여줍니다. 주자 당시에 사용하던 구어체 중국어인 백화문(白話文)이 섞여있어 해석에 어려움도 있을 것입니다. 그러나 『주자어류』 등에 산재된 대학의 공부법을 모아 정리한 '대학을 읽는 방법'은 옛 사람들의 공부법을 간접적으로 알 수 있는 중요한 자료이므로 서문에 이어 덧붙입니다.

1. 『대학』은 가장 체계적으로 구성되어 있다.

○ 주자가 말하였다. 『논어』와 『맹자』는 어떤 일에 따라 묻고 답한 것이라 요령을 알기 어렵다. 그러나 『대학』은 증자가 옛사람이 학문하는 큰 방법을 말한 공자의 말씀을 서술하였고, 증자의 문인이 또한 증자가 서술한 내용을 전하여 그 뜻을 밝힌 것이다. 따라서 앞뒤가 서로 연결되고 전체의 체계 또한 모두 갖춰져 있으니, 이 책을 충분히 음미하여 옛사람들이 학문했던 방향을 알고 『논어』『맹자』를 읽으면 이해하기 쉬울 것이다. 그렇게 된다면 앞으로 해야 할 공부가 많더라도 학문의 큰 틀은 이미 서게 될 것이다.

朱子曰 『語』『孟』은 隨事問答하여 難見要領이어니와 惟『大學』은 是曾子
述孔子說古人爲學之大方이요 而門人이 又傳述以明其旨라 前後相因
하고 體統都具하니 翫味此書하여 知得古人爲學所向하고 却讀『語』『孟』
하면 便易入이니 後面工夫雖多나 而大體已立矣니라

○ 이 『대학』 책을 보는 것은 또 본래 『논어』와 『맹자』를 보는 것과는 다
르다. 『논어』와 『맹자』에는 하나의 일에 다만 하나의 도리만을 말하고
있을 뿐이다. 예를 들어 맹자가 인의를 말한 곳에서는 인의에 대한 도리
만을 말했을 뿐이요, 공자가 안연의 극기복례에 대해 말한 곳에는 극기
복례의 도리만을 말했을 뿐이다. 그런데 『대학』의 경우에는 전체를 통
틀어 말했기 때문에 그 효용의 극치를 논한다면 천하를 공평하게 다스
리는 데까지 이른다. 그러나 천하가 공평하게 다스려지기 위해서는 먼
저 나라를 가지런하게 해야 하고, 나라가 다스려지기 위해서는 먼저 자
기 집안을 가지런하게 해야 하고, 집안이 가지런해지기 위해서는 먼저
자신의 몸을 닦아야 하고, 몸이 닦이기 위해서는 먼저 자기 마음을 바르
게 해야 하고, 마음이 바르게 되기 위해서는 먼저 뜻을 진실하게 해야
하고, 뜻이 진실해지기 위해서는 먼저 앎을 지극하게 해야 하고, 앎이
지극해지기 위해서는 먼저 사물의 이치를 철저히 탐구해야 한다.

看這一書 又自與看『語』『孟』不同하니 『語』『孟』中엔 只一項事 是一箇道
理라 如孟子說仁義處엔 只就仁義上說道理하고 孔子答顔淵以克己復
禮엔 只就克己復禮上說道理어니와 若『大學』은 却只統說이라 論其功
用之極이 至於平天下라 然이나 天下所以平은 却先須治國이요 國之所

以治는 却先須齊家요 家之所以齊는 却先須修身이요 身之所以修는 却先須正心이요 心之所以正은 却先須誠意요 意之所以誠은 却先須致知요 知之所以至는 却先須格物이니라

○『대학』은 학문하는 강령과 조목이다. 먼저『대학』을 읽어 강령을 확실하게 정해두면 다른 책에서 잡다하게 말한 것이 모두 그 속에 담겨있다.『대학』을 꿰뚫어 터득하고서 다른 경전을 보아야 이것이 격물치지의 일이며, 이것이 성의와 정심의 일이며, 이것이 수신의 일이며, 이것이 제가와 치국 그리고 평천하의 일임을 비로소 알 수 있을 것이다.

『大學』은 是爲學綱目이니 先讀大學하여 立定綱領하면 他書는 皆雜說在裏許라 通得大學了하고 去看他經이라야 方見得此是格物致知事며 此是誠意正心事며 此是修身事며 此是齊家治國平天下事니라

○ 지금 우선『대학』을 무루 젖도록 충분히 읽어서 얼개[틀]를 만들고 다시 다른 책을 읽으면서 그 빈 곳을 채워나가야 한다.

今且熟讀大學하여 作間架하고 却以他書塡補去하라

○『대학』은 학문의 처음과 끝을 총괄하여 말했고,『중용』은 본원의 지극한 곳을 가리킨 것이다.

『大學』은 是通言學之初終이요『中庸』은 是指本原極致處니라

○ "오로지 한 책을 보고자 한다면 무엇을 먼저 읽어야 합니까?"라고 묻자, 답하였다. "먼저 『대학』을 읽으면 옛 사람이 학문했던 시작과 끝의 차례를 알 수 있다. 다른 책과 비교할 것이 없다. 다른 책은 일시에 체계적으로 말한 것이 아니요, 어떤 사람이 조리 있게 정리한 기록이 아니기 때문이다."

問欲專看一書인댄 以何爲先이니잇고 曰 先讀『大學』하면 可見古人爲學首末次第하니 不比他書라 他書는 非一時所言이요 非一人所記니라

2. 큰 틀에서 이해한 다음 자세히 탐구하라.

또 말하였다. 『대학』을 볼 때에는 진실로 한 구절씩 보아야 하지만, 먼저 전문 10장을 통틀어 읽어 익숙하게 하고서 처음부터 자세히 읽어야 좋을 것이다. 만약 전문의 취지를 전혀 모른다면 앞부분을 보는 것도 어려울 것이다.

又曰 看『大學』엔 固是著逐句看去나 也須先統讀傳文敎熟이라야 方好從頭仔細看이니 若專不識傳文大意하면 便看前頭亦難이니라

3. 느긋한 마음으로 참된 의미를 터득하라.

○ 또 말하였다. "나는 『대학』을 딱 하나의 말로 사람들에게 가르치고자 생각해 본 적이 있었다. 그것은 『대학』만을 하루에 한 번씩 읽으면서 어

떤 것이 대인의 학문이며 어떤 것이 소학이며, 무엇이 명덕을 밝히는 일이며 무엇이 백성을 새롭게 하는 일이며 무엇이 지극한 선에 그치는 일인가를 탐구하는 것이다. 이처럼 날마다 세월 따라 읽어간다면 온고지신溫故知新의 말뜻도 저절로 알 것이다. 반드시 새로운 것을 알게 된다는 말은 이미 알고 있는 견해가 날마다 새롭게 이해될 적에 비로소 얻는 것이지, 전혀 몰랐던 새로운 도리를 안다는 것이 아니다. 다만 자신의 이러한 생각이 끝없이 새로워지는 것이다.

又曰 嘗欲作一說敎人하여 只將『大學』하여 一日去讀一遍하여 看他如何是大人之學이며 如何是小學이며 如何是明明德이며 如何是新民이며 如何是止於至善고하여 日日如是讀하여 月來日去면 自見所謂溫故而知新이니라 須是知新이라 日日看得新이라야 方得이니 却不是道理解新이요 但自家這箇意思 長長地新이니라

○『대학』을 읽을 때 처음에도 이처럼 읽고 나중에도 이처럼 읽을 뿐이다. 처음 읽었을 때는 자신과는 상관없는 것처럼 보였는데, 훗날 자주 읽다 보니 그 많은 말들을 반드시 이처럼 해야지 이와 같이 하지 않는다면 안 된다는 것을 저절로 알게 될 것이다.

讀『大學』에 初間에 也只如此讀이요 後來에 也只如此讀이로되 只是初間讀得엔 似不與自家相關이라가 後來看熟하면 見許多說話 須著如此做요 不如此做면 自不得이니라

○ 책을 읽을 때는 많은 보려는 욕심을 내서는 안 된다. 『대학』을 우선으로 하고 단락마다 면밀히 읽고 정밀히 생각하여 반드시 확실하고 분명해진 다음에 비로소 다음 단락으로 바꾸어 읽어야 한다. 그러나 두 번째 단락을 볼 때에 앞 단락을 생각하면서 문장의 뜻이 연결되도록 하는 것도 괜찮을 것이다.

讀書에 不可貪多하니 當且以大學爲先하여 逐段熟讀精思하여 須令了了分明이라야 方可改讀後段하되 看第二段에 却思量前段하여 令文意連屬이 却不妨이니라

○ "『대학』을 조금 통달했으니 이제는 『논어』를 읽으려고 합니다."라고 말하자, 다음과 같이 대답하였다. "아직은 안 된다. 『대학』을 조금이나마 깨달았다면 바로 이 마음을 다잡아 정밀하게 읽는 것이 좋을 것이다. 지난날 읽을 적에는 앞부분은 보고 뒷부분은 보지 못했으며, 뒷부분은 보고 앞부분은 이어서 보지 못했을 것이다. 그런데 지금 큰 강령과 체계를 알았으니 이를 토대로 면밀하게 보는 것이 좋을 것이다. 이 책을 읽는 공부가 깊어질수록 그 응용하는 방법도 넓어질 것이다.

옛날에 윤화정[尹焞]이 정이천[程頤] 선생을 찾아뵌 지 반 년 만에 비로소 『대학』과 『서명』을 보게 되었는데, 요즘 사람들은 반 년 동안에 많은 책을 읽으려고 한다. 내가 우선적으로 이 책을 읽도록 하는 것은 어째서인가? 『대학』은 양이 많지 않으면서도 규모가 두루 갖춰졌기 때문이다. 일반적으로 책을 읽을 때 첫 번째 항목을 읽으면서 반드시 100% 공부를 한다면, 두 번째 항목에서는 80~90% 공부를, 세 번째 항목에서는

60~70% 정도의 공부만 하면 된다. 얼마 동안 점차 많이 읽어 저절로 꿰뚫어 알게 된다면 다른 책은 자연스럽게 많은 공부를 하지 않아도 될 것이다.

問『大學』稍通에 方要讀論語한대 曰 且未可하니 『大學』稍通이면 正好著心精讀이니라 前日讀時에 見得前하고 未見得後面하며 見得後하고 未見得前面이러니 今識得大綱體統이면 正好熟看이니 讀此書功深이면 則用博이니라 昔에 尹和靖이 見伊川半年에 方得『大學』·'西銘'看이러니 今人은 半年에 要讀多少書로다 某且要人讀此는 是如何오 緣此書却不多而規模周備일새니라 凡讀書에 初一項에 須著十分工夫了면 第二項엔 只費得八九分工夫요 第三項엔 便只費得六七分工夫라 少間讀漸多하여 自通貫하면 他書는 自著不得多工夫리라

○『대학』을 볼 때에 전체의 취지를 이해하고 다른 책을 보아야 한다. 다만 볼 때에 반드시 큰 단락을 작은 단락으로 나누어서 각각의 글자와 구절을 가볍게 지나쳐서는 안 될 것이다. 평상시에 암송하고 묵묵히 생각하여 반복해서 연구하여 아직 입에 달라붙지 않았을 때에는 반드시 입에 오르도록 한다. 아직 투철하게 꿰뚫지 않았을 때에는 반드시 투철하게 꿰뚫도록 하고 이미 투철하게 꿰뚫어 알게 된 다음에는 분명하면서 익숙하도록 해야 할 것이다. 그래서 그 의미가 항상 가슴 속에 있어서 내쫓으려 해도 떠나지 않게 되어야 비로소 이 한 단락을 끝마치고 또 다른 한 단락으로 바꿔 보아야 할 것이다. 몇 단락을 이와 같이 공부한 뒤라면 마음이 안정되고 이치가 익숙해져 공부에 힘이 덜 드는 것을

깨닫게 될 때에 점차 힘을 얻게 될 것이다.

看『大學』에 俟見大指하여 乃及他書니라 但看時에 須是更將大段하여 分作小段하여 字字句句를 不可容易放過요 常時暗誦黙思하여 反覆研 究하여 未上口時엔 須敎上口하고 未通透時엔 須敎通透하고 已通透後 엔 便要純熟하여 直待不思索時에도 此意常在心胸之間하여 驅遣不去 라야 方是此一段了하고 又換一段看이니 今如此數段之後엔 心安理熟 하여 覺工夫省力時에 便漸得力也리라

4. 책과 내가 하나 되어야 한다.

○ 또 말하였다. 『대학』은 하나의 빈 껍데기이니 지금 그것을 충실하게 채워 나가도록 해야 할 것이다. 예를 들어 만물의 이치를 탐구한다는 '격물'을 말한 곳에서는 자기가 반드시 격물을 실천해서 그것을 가득 채 워나가야 할 것이며, '성의' 또한 그렇게 해야 한다. 만약 텅 빈 껍데기 만 읽는다면 역시 도움이 없을 것이다.

又曰『大學』은 是一箇腔子니 而今却要塡敎他實이라 如他說格物엔 自 家須是去格物後塡敎他實著이요 誠意亦然이니 若只讀得空殼子하면 亦無益也니라

○『대학』을 읽는 것이 어찌 그 말을 보는 데 있겠는가. 바로 마음에서 직접 체험해 보아야 한다. 예를 들어 멋진 이성을 좋아하듯이 선을 좋아

하고 악취를 싫어하듯 악을 미워한다는 구절을 읽었다면, 자기 마음으로 체험하여 내가 정말로 이와 같이 선을 좋아하고 악을 싫어할 수 있겠는가라고 생각한다. 또한 '소인은 혼자 있을 때 불선한 행위를 한다'고 하였는데 과연 나에게도 이러한 일이 있는가라고 하여, 조금이라도 지극하지 않음이 있으면 용맹하게 분발하여 쉼이 없어야 반드시 큰 진보가 있을 것이다. 그러나 지금 이와 같이 할 줄 모른다면 책은 책대로 나는 나대로가 될 것이니 무슨 보탬이 있겠는가!

讀『大學』이 豈在看他言語리오 正欲驗之於心如何니 如好好色,惡惡臭를 試驗之吾心하여 果能好善惡惡如此乎아 閒居爲不善이 是果有此乎아하여 一有不至어든 則勇猛奮躍不已라야 必有長進이니라 今不知如此하면 則書自書 我自我니 何益之有리오

5. 평생의 정력이 깃든 한 권의 책을 찾아라.

또 말하였다. 내 일생 동안 이 글만을 보는데 집중하다보니 예전의 현인들이 이르지 못한 곳을 보게 되었다. 온공[司馬光]이 『자치통감』을 쓰고 '평생의 정력을 이 책에 다 쏟았다'고 하였는데, 나도 『대학』에 대해서 그렇다. 먼저 『대학』을 막힘없이 이해하여야 다른 책을 읽을 수 있다.

又曰 某一生에 只看得這文字透하여 見得前賢所未到處로라 溫公이 作通鑑하고 言 平生精力이 盡在此書라하더니 某於大學에 亦然하노니 先須通此라야 方可讀他書니라

6. 단계에 따라 본질을 이해하라.

○ 또 말하였다. 이천[程頤]이 이전에 사람을 가르칠 적에 먼저 『대학』을 보도록 하였는데, 그 때에는 아직 해설서가 없었다. 그런데 지금은 주해(註解)가 있어 매우 분명하게 되었으니 자세히 보는데 달려있을 뿐이다.

又曰 伊川이 舊日教人에 先看大學하시니 那時엔 未解說이러니 而今有註解하여 覺大段分曉了하니 只在仔細看이니라

○ 또 말하였다. 『대학』을 볼 때에 우선 장(章)에 따라 이해하면서 먼저 본문을 외어야 한다. 다음에는 『대학장구』를 가지고 본문을 이해하고 또 『대학혹문』을 가지고 『대학장구』를 참고해야 한다. 반드시 하나하나씩 기억하면서 반복하여 탐구하여 그 내용이 온 몸에 깊이 젖어들 때까지 기다려야 한다. 그리고 단락마다 분명히 알았거든 다시 전체를 보면서 반복해서 음미하며 보아야 한다.

又曰 看『大學』엔 且逐章理會하여 先將本文念得하고 次將『章句』來하여 解本文하며 又將『或問』來參章句니라 須逐一令記得하여 反覆尋究하여 待他浹洽하여 旣逐段曉得이어든 却統看溫尋過니라

○ 또 말하였다. 『대학』 책은 애초의 『대학』 경문인 정경(正經)도 있고, 『대학장구』도 있고, 『대학혹문』도 있다. 오래도록 보면 『대학혹문』을 사용할 필요가 없이 『대학장구』만 보면 될 것이요, 더욱 오래하면 저절로

『대학』 전체가 내 가슴 속에 있게 되어 정경 또한 필요 없을 것이다. 그러나 나처럼 많은 공부를 하지 않는다면 나를 이해하지 못할 것이요, 성현처럼 많은 공부를 하지 않으면 또한 성현을 이해하지 못할 것이다.

又曰 大學一書는 有正經하고 有『章句』하고 有『或問』하니 看來看去면 不用『或問』하고 只看『章句』便了요 久之면 又只看正經便了요 又久之면 自有一部『大學』이 在我胸中하여 而正經亦不用矣리라 然이나 不用某許多工夫면 亦看某底不出이요 不用聖賢許多工夫면 亦看聖賢底不出이니라

○ 또 말하였다. 『대학』 본문의 해석인 『대학장구』에서 자세하지 않는 곳은 『대학혹문』에 자세하다. 우선 처음부터 장별로 따라가며 이해하다가 막히는 곳에 이르거든 『대학장구』를 보라. 『대학혹문』은 주석의 주석이다.

又曰 『大學』解本文未詳者를 於或問中에 詳之하니 且從頭逐句理會하여 到不通處어든 却看하라 或問은 乃註脚之註脚이니라

7. 공부는 자기가 하는 것이다.

○ 내가 『대학』을 풀이한 책에 너무 자세하게 쓰는 것은 적합하지 않을 것이다. 그러나 먼저 배우는 이들을 대비하여 그들을 위해 의문을 가설하여 설명하였으니, 배우는 자들이 보기 쉽도록 하기 위해서이다.

某解書에 不合太多라 又先准備學者하여 爲他設疑說了하니 所以致得
學者看得容易了니라

○ 사람들은 내가 설명한 『대학』 등의 책이 요점을 간추려[略] 설명하지
않아서 사람들 스스로 여러 생각을 다하게 만든다고 하지만, 이것은 매
우 옳지 않다. 사람이 학문하는 것은 기꺼이 하느냐 그렇지 않느냐를 따
질 뿐이다. 저들이 기꺼이 이쪽으로 향하려 하지 않으면 요점을 간추려
해석하였더라도 깊이 생각하지 않을 것이요, 저들이 기꺼이 이쪽으로
관심을 둔다면 자연스럽게 맛을 느껴 자세히 설명할수록 더욱 그 맛을
느낄 것이다.

人只說某說大學等은 不略說하여 使人自致思라하니 此事大不然이라
人之爲學이 只爭箇肯與不肯耳니 他若不肯向這裏면 略亦不解致思요
他若肯向此一邊이면 自然有味하여 愈詳愈有味하리라

경 1장

『대학』의 틀거리,
삼강령三綱領 팔조목八條目

「대학」은 원래 49편으로 구성된 『예기』 가운데 42편째에 수록된 1,733자의 짧은 글입니다. 송대 성리학자, 특히 주자는 「대학」을 특별히 주목하여 별도의 책으로 뽑아 장章별로 나누고 구절句節별로 나누어 자신의 자세한 해석을 덧붙인 『대학장구大學章句』를 저술합니다. 경전에 대한 재분류를 시도하고 자신의 사상을 유감없이 발휘한 과감한 시도였습니다.

먼저 주자는 원문에 대한 본격적인 해석에 앞서 그가 마음속으로 사숙했던 정이천의 말을 인용합니다. 그것도 자정자子程子라 하여 정자 앞에 스승에 대한 존경의 마음을 담은 자子 자를 특별히 덧붙입니다. 주자에 앞서 『예기』에서 「대학」과 「중용」의 가치를 인식하고 단행본으로 표장表章한 인물이 정명도와 정이천 형제들이었기 때문입니다. 『대학』의 시작을 예고하는 편제篇題라 할 수 있는데, 그 내용은 다음과 같습니다.

「대학」은 공자께서 남겨놓은 글이니 처음 배우는 사람이 덕德으로 들어가는 문이다. 오늘날 옛사람들이 학문했던 순서를 알 수 있는 것은 오직 이 편이 남아있는 덕분이고 『논어』와 『맹자』는 그 다음이다. 배우는 사람이 반드시 이 책에 따라서 배운다면 학문하는 순서에 거의 어긋나지 않을 것이다.[1]

『논어』와 『맹자』를 배우기에 앞서 『대학』을 필수적으로 먼저 읽어야 함을 강조하는 내용입니다. 그것도 『대학』은 학문하는 사람이 처음으로 배워야 하는 관문이란 의미의 '입덕문入德門'이라 하여, 덕으로 들어가는 출발지로 규정합니다. 여기서 말하는 덕德에는 많은 의미가 함축되어 있지만, 우선은 세상과 소통하고 공감하려는 따뜻한 마음가짐이라 할 수 있습니다. 정자의 언급은 배움의 방향성을 제시한 것이지요. 지식과 인격이 불일치하는 현실에서 그러한 방향성은 중요한 의미를 지닙니다.

그러나 처음 배우는 초학자들에게 덕으로 들어가는 출입문이라 말하기에는 『대학』에서 제시하는 내용과 구도가 너무나 큽니다. 윤리적 실천을 강조했던 『소학』을 거쳐, 이제는 그렇게 실천해야 되는 이유를 진지하게 묻고 자신의 삶에서 재구성해가는 과정이기 때문에 그러할 것입니다. 그럼에도 배움이란 무엇인가에 대한 질문은 삶과 학문의 전체 틀거리를 이해하고, 어떻게 배워야 하는가에 대한 배움의 순서를 가늠할 수 있는 것은 『대학』이 주는 장점입니다. 당장 눈앞의

---

1. 『대학장구』서문. 子程子曰 "大學, 孔氏之遺書, 而初學入德之門也, 於今可見古人 爲學次第者, 獨賴此篇之存, 而論孟次之, 學者必由是而學焉, 則庶乎其不差矣."

고양이를 그리려 달려들기보다는 미래의 호랑이와 같은 웅장한 모습을 담아내려는 마음으로 접해야 할 것 같습니다. 이제 『대학』을 큰 학문, 큰 사람이 되기 위한 프로젝트라 생각하고 구체적으로 살펴보도록 하겠습니다.

전주향교의 정문 '입덕문入德門'

제1절. 큰 사람이 되기 위한 세 가지 강령 綱領

『대학大學』의 첫머리에는 큰 사람이 되려는 학문의 길과 교육의 목표를 다음과 같이 세 가지로 제시하고 있습니다.

> 대학의 도는 자신의 밝은 덕을 밝힘에 있으며, 백성을 새롭게 함에 있으며, 지극한 선에 머무름에 있다.
>
> 大學之道는 在明明德하며 在新民하며 在止於至善이니라
> 대 학 지 도   재 명 명 덕   재 신 민   재 지 어 지 선

※ **도**(道): 도리. 진리. 방법. **신**(新): 새롭다. 원래 『대학』의 원문에는 친親 자로 쓰여 있음. **지**(止): 멈추다. 그치다. **지선**(至善): 최고의 지극한 선의 경지.

옛날 최고 교육기관은 태학太學이고, 그 곳에서의 큰 인물이 갖춰야 될 교육 목표와 방법이 대학大學 첫머리에 소개되어 있습니다. 자신의 밝은 덕을 밝히는 명명덕明明德과 백성을 새롭게 하려는 신민新民, 그리고 명명덕과 신민을 이상적인 선의 경지로 끌어 올리려는 지어지선止於至善을 제시합니다. 이를 『대학』의 핵심이란 의미에서 3강령이라 말하곤 합니다. 유학의 영향권에 있는 동아시아에서 이러한 세 가지 덕목은 어렵지 않게 찾을 수 있습니다. 국내에서 교육기관의

이름에 '명덕明德'이 사용되고 있으며, 중국에 있는 주요 대학에서도 예외가 아닙니다. 중국 인민대학에서 눈에 띄는 건물 이름은 '명덕관'이며, 또한 중국 남부에 있는 샤먼대학교의 교시는 '지어지선'입니다. 우리는 먼저 각각의 덕목이 지닌 의미와 상호관계에 주목할 필요가 있습니다.

첫째, '명명덕明明德'에 관해 주자의 해석은 후대 성리학자들에게 많은 영향을 끼쳤습니다. 그는 큰 인물이 배우는 학문이란 뜻에서 '대학大學'이라 보고, 명명덕에 대해 풀이합니다. 앞의 밝을 '명明'자는 밝힌다는 적극적이고 능동적인 의미의 동사입니다. 밝히려는 대상은 다름 아닌 자신이 지닌 밝은 덕, 즉 명덕明德입니다. 우리가 살아가면서 구현해야 될 덕이란 결코 암울하고 어두운 세계가 아닙니다. 눈부실 정도로 빛나고 밝은 내면의 그 무엇입니다. 명덕에 관한 주자의 해석은 다음과 같습니다.

> 명덕이란 사람이 하늘에서 얻은 것으로, 텅 비고 신령스러워 어둡지 않아虛靈不昧 모든 이치를 갖추어 모든 일에 대응하는 것이다.[2]

인간을 만물의 영장이라고 말합니다. 그 이유를 유학에서는 여타의 존재자들과는 달리 내면의 밝은 덕인 도덕성을 지니고 있다는 점

---

2. 明德者, 人之所得乎天, 而虛靈不昧, 以具衆理而應萬事者也.

에서 찾고 있습니다. 인간은 동물처럼 감각적 본능에 따라 생활하기도 하지만, 사람을 보다 사람답게 하는 힘은 합리적이고 이성적인 판단능력이나 선을 향한 도덕의지를 지니고 있다는 점에서 차이가 납니다. 주자가 말하는 명덕도 그러한 의미일 것입니다. 그는 인간다움의 특성으로 제시된 명덕이란 태어나면서 하늘로부터 받은 것이라 말합니다. 보편적이고 당위적인 차원에서 하늘이라는 우주 대자연의 힘을 빌려 모든 사람들이 예외 없이 밝은 덕성의 소유자임을 분명히 하려는 것입니다.

명덕은 감각적으로 쉽게 감지될 수 있는 것은 아니지만, 올곧이 직시하면 느낄 수 있는 마음의 자리입니다. 동시에 인간은 상황에 따라 자신의 그러한 본래적인 면모를 유감없이 발휘할 수 있는 능력의 소유자들이기도 합니다. 주자는 초롱초롱 빛나는 그 밝은 마음을 '허령불매虛靈不昧'라 말합니다. 텅 비어있어 모든 것을 받아들이고 이해할 수 있으면서도, 어떤 상황에서는 놀라우리만큼 신령스럽게 움직이는 그 마음 말입니다. 때로는 타자의 고통에 대해서 가슴 아파하며, 모든 이들이 갈망하는 이상과 꿈도 가지고, 드물기는 하지만 자신의 목숨이 걸린 극단적인 상황에서도 이성적으로 판단하고 자신의 모든 것을 내던질 수 있는 용기로 표출되기도 합니다. 주자는 그렇게 선한 마음이 바로 우리 인간의 본래 모습이라고 하여 인간에 대한 긍정적 태도를 보냅니다. 세상과 소통하는 모든 이치를 내 안에 가지고 있으며, 만사에 적절하게 대응하는 능력의 소유자로 인간을 보려는 것입니다.

광명정대 光明正大

백범 김구가
안중근 의사의 순국을
추모하며 쓴 글씨

예전의 거울은 청동으로 만들어졌습니다. 쓰지 않고 오래 놔두면 녹이 쓸어 거울의 역할을 제대로 할 수 없기에 기회가 있을 때마다 닦아야만 제대로 비출 수 있습니다. 마찬가지로 윤리적으로 선한 인간이란 거울을 닦듯이 마음의 문心門을 활짝 열어 자신이 지닌 올바른 본성을 완전히 발휘하도록 하는 것입니다. 명덕을 빛나고 밝고 바르며 커다란 마음이란 의미에서 '광명정대光明正大' 네 글자로 말하기도 합니다. 광명정대는 중국에서 청나라를 번영으로 이끌었던 건륭황제가 근무하던 자금성의 현판글씨이기도 하였습니다. 진정한 지도자는 이렇듯 밝은 마음을 통해 많은 이들의 도덕적 감수성을 일깨워 모두가 하나로 어우러지는 세상으로 나아가고자 했던 것입니다. 그러한 본래 마음의 회복은 자신의 명덕을 밝히려는 '명명덕明明德'의 노력에서 시작됩니다.

그렇다면 이러한 명덕의 발휘를 방해하는 것은 무엇일까요? 주자의 다음과 같은 해석은 성리학자의 공부론을 대표합니다.

(명덕을 타고난 인간이지만) 다만 태생적으로 기품에 구속되고 욕심에 가려지면서 때때로 어두워진다. 그러나 그 본체의 밝음은 일찍이

멈춘 적이 없으므로 배우는 자는 마땅히 그 마음이 발현되는 것에 근거로 삼아 그것을 밝혀가면서 처음의 상태를 회복해야 한다.[3]

후천적 기질의 차이를 염두에 두면서도 그를 넘어선 본성의 회복을 꾀하려는 주자의 주장은 일관됩니다. 우리 마음에 있는 밝은 본체는 결코 없어진 적이 없으므로, 상황에 대응하는 우리의 적극적 노력 여하에 따라 얼마든지 회복의 가능성이 있다고 보기 때문입니다. 자기 본성의 회복과 수양을 암시하는 '복기성復其性'의 푯말은 예나 지금이나 변함없습니다.

둘째, '신민新民'에 관한 해석은 크게 두 방향으로 나뉩니다. 원래의 『대학』에는 친민을 친하다는 친親자로 풀이하곤 하였는데, 송대 학자들은 대부분 새롭다는 '신新'으로 읽습니다. 친親 자는 마땅히 신新 자로 해석해야 한다는 정자의 설명이 그러합니다. 몰라서가 아니라 다분히 의도적인 해석입니다. 백성을 새롭게 한다는 의미로 사용할 때는 자신이 밝은 덕을 소유한 것임을 자각한 다음에, 그러한 마음을 지닌 남들을 일깨우고 달라진 그들과 적극적으로 소통하려는 노력이 강조됩니다. 각자의 능력이나 처한 상황은 같지 않습니다. 먼저 깨우친 입장에서는 오랜 습관에서 벗어나지 못하는 주변을 변혁시키는

---

3. 但爲氣稟所拘, 人欲所蔽, 則有時而昏. 然其本體之明, 則有未嘗息者. 故學者 當因其所發而遂明之, 以復其初也

노력이 있어야 합니다. 자신의 경험을 내세우면서 남들도 그렇게 하도록 강요하는 권위적 자세나, 알고 있으면서도 바꾸기를 꺼려하는 나태함에서 벗어나도록 하려는 것입니다. 스스로 자신의 명덕을 밝히고 나서 이를 다른 사람들에게 적용하여 변화시키려 노력하는 자세가 강조되는 것이지요.

진리는 사람마다 모두 똑같이 소유한 것으로 내가 마음대로 할 수 있는 것이 아닙니다. 이미 자신의 명덕을 밝혔으면 마땅히 이를 미루어 다른 사람들도 그렇게 하도록 해야 할 것입니다. 다른 사람들이 타고난 기품과 욕망에 의해 가로 막힌 것을 보았을 때 어찌 측은한 생각이 들어 새롭게 해주고 싶지 않겠습니까? 결국 '신민'은 나의 앎과 실천으로서 끝나는 것이 아니라 예전의 부족했던 나를 변화시켜 주변 모두가 혁신할 수 있도록 소통하려는 자세, 즉 나를 미루어 남들에게까지 미친다는 추기급인推己及人의 열린 마음이라 할 수 있습니다.

반면에, 원래의 친하다는 의미에 초점을 둔다면 타인과 관계 맺는 주체를 보다 강조하게 됩니다. 주변을 계도하려는 적극적 자세 역시 나로부터 나오므로, 먼저 순수하고 타인과 친밀하려는 자신의 마음이 있어야 합니다. 어떻게 해야 한다거나 하지 말아야 한다는 규칙에 사로잡히지 않습니다. 내 속에서 주변으로 자연스럽게 넘쳐나는 그러한 때 묻지 않은 내 안의 순수성이 중요할 따름입니다. 타인의 마음을 자발적으로 움직이게 하는 일종의 도덕적 감화력이라 할 것입니다. 훗날 주변의 백성을 새롭게 하거나 내 안의 친밀한 마음의 확산을 강조하는 해석의 차이는 주자학朱子學과 양명학陽明學이라는 큰 사상적 갈림길로 이어집니다. 그러나 공통적으로 인간은 대자연의 일부로서 모두가 하나라는 생각이 담겨있습니다. 전체를 한 몸으로 생각하기에 타자의 고통을 외면하지 않고 자기 일처럼 생각합니다. 차이를 넘어 모두와 소통하고 공감하려는 것이 유학의 기본 정신이기 때문입니다.

셋째, '지어지선止於至善'에 대한 해석에서 '지止'는 최고의 이상적 경지에 도달함과 동시에 그 상태를 쭉~ 지속해 나간다는 뜻입니다. 단순한 정지 상태가 아닙니다. 이상적 상태의 지속과 발전을 위한 끊임없는 노력의 연속이자 쉽게 변하지 않을 확고한 기점이기도 합니다. 우리가 도달해야 될 지극한 선함至善이란 선과 악의 대립적 개념을 넘어선 절대적인 선함입니다. 최고의 경지는 다소 추상적이고 모호합니다. 예를 들어 우리는 모두 행복幸福을 추구하지만, 정작 행복이 무엇인지 말하기 쉽지 않습니다. 돈, 명예, 권력 등의 추구가 반드시 행복으로 이어진다고 보기 어렵기 때문입니다. 모든 사람들이 공감할 수 있는 행복은 단순한 객관적 수치에서 주는 행복의 개념과는 다르기 때문입니다.

지선至善의 경지에는 자신의 덕성을 밝히려는 명명덕과 타인을 새롭게 하려는 신민이 모두 포함되어 있습니다. 유학에서는 자기 자신만을 최고의 경지로 이끌어 올리는 데 만족하지 않으므로 자아가 성숙될수록 타자와의 관계를 생각하지 않을 수 없습니다. 나와 관계된 타자에 대한 관심과 책임의식이 동반하여 싹틉니다. 그래서 자신도 지선의 경지에 머물러야 하고, 주변 사람들 역시 지선의 경지에 머물도록 하는 관심을 지녀야 합니다. 그러나 나를 넘어 타인에게까지 관심의 대상으로 확대시키는 일은 결코 쉬운 일이 아닙니다. 설혹 자신의 명덕을 밝히는 것은 자기가 하는 일이므로 매우 좋은 경지까지 도달할 수도 있을지 모르지만, 타인들이 각자 자신을 새롭게 하는 것은 여전히 그들에게 달려 있기 때문입니다. 어떻게 그들까지 지극한 경지에 도달시킬 수 있느냐는 문제는 영원한 과제입니다.

유학에서는 힘의 논리보다는 도덕을 통한 자발적 변화를 강조합니다. 따라서 자신이 먼저 명덕을 남김없이 잘 밝힌 다음에, 백성을 도덕적으로 감화시키려는 생각으로 이어집니다. 그들의 마음을 위로하고 도와주는 진정성의 발휘는 타인의 마음을 움직이는 큰 힘이 됩니다. 흔히 말하는 섬기고 소통하는 리더의 자질은 바로 이러한 과정에서 싹틉니다. 선비들의 마음가짐이 그러했습니다. 자신의 몸으로부터 가정, 국가, 세계에 이르기까지 올바른 교화가 시행되고 좋은 정치를 펼쳐 보이고 싶었습니다. 너나없이 옛날에 물들었던 때를 씻어내고 본성의 순수한 처음 상태로 서서히 회복되어 나갈 것이라는 굳건한 믿음이 있었던 것입니다. 그 회복의 끝은 우리 모두가 하나로 연결되는 지선의 경지입니다. 내가 바뀌면 세상이 바뀐다는 확고한 믿음은 우리의 오랜 꿈입니다.

주자학과 양명학

중국 사상사에서 중요한 위치를 차지했던 주자학과 양명학에 대해서 이해할 필요가 있다. 중국 남송의 주자(주희朱熹. 1130~1200)와 명나라 왕양명(왕수인王守仁. 1472~1528)은 송나라와 명나라의 사상과 학문을 대표한다. 두 학자는 진리를 터득하는 공부 방법에서 그 출발지로 주관적인 내면의 순수성을 강조하느냐, 아니면 주관과 객관 세계를 관통하는 이치의 터득을 강조하느냐는 갈림길을 보여준다. 주자는 자신의 내면 탐구는 결국 객관세계에 대한 이해의 '보충'을 통해 완성도를 높여간다고 보았다. 모든 세계가 이치理로 관통되어 있다는 전제에서 비롯된 것이다. 반면에 양명은 객관적 이해로 나아가는 방향은 보충의 차원이 아니라 오히려 자신의 주체를 망각하는 결과를 초래할 수 있다고 보았다.

모든 세계에 대한 철저한 탐구과정에서 경험의 한계를 실감한 후 얻은 결론이었다. 밖에서 애써 구하려는 노력은 의욕만 앞설 뿐 몸만 힘들게 만들 수도 있다고 보기 때문이다. 따라서 양명은 철저한 인식의 전환을 꾀하였다. 유배나 다름없는 용장龍場에서의 죽음을 무릅쓴 치열한 자기 고민과 사색의 결과물이다.

양명은 객관적 지식의 탐구는 잠시 접어 두고 내 영혼의 순수성에 초점을 맞춘다. 투명하고 명철한 상태의 나를 찾으려는 노력이었다. 그렇게 변신한 나는 새로운 세상과 마주하게 된다. 또한 그렇게 바라본 세계는 반드시 지켜야 될 규범이나 절대적 가치도 없어졌다. 주자학에서 말하는 천리와 인욕의 대립이나, 본성과 정감의 이분법적 사유가 어느새 눈

녹듯이 말끔히 사라졌다. 오직 순수 그 자체로 영롱하게 빛나는 본래의 모습, 즉 선한 의지로 충일된 양지良志만이 또렷하게 빛날 뿐이다. 이제 새롭게 만나는 세상은 기존의 선입관이나 의무감에서 벗어난 또 다른 만남의 장이다.

양명학은 주자학에서 출발하여 주자학을 넘어선 당대 사상을 이해하는 키워드이다. 그가 딛고 일어선 재발견의 토대이자 넘어선 벽은 다름 아닌 주자학이었다. 주자학에서 강조되는 격물은 객관적 지식의 보충을 통한 내외의 합일에 도달함을 지향한다. 즉 격格은 이치에 이른다는 의미의 지至요, 물物은 나를 둘러싼 우주 만물의 이치였다. 반면에 양명의 격물 해석은 이와는 달랐다. 나와 단절되거나 무관해질 가능성이 있는 외면적 탐구에 만족하지 않는다. 어디까지나 나의 의지와 관계된 상황이다. 따라서 그에게 격格한다는 것은 내 내면적 가치의 측면에서의 올바름이요, 물物이란 지금 현재 내가 마주하는 사태이며 내 본래의 의지가 지향되어 있는 곳이다. 즉 우리가 의식하는 그 무엇인가에는 나의 의지가 담겨 있는 곳이다. 이런 측면에서 나와 무관한 세계는 없다. 내 마음 속에 이미 세상의 이치를 이해하는 열쇠가 있기 때문이다. 문제는 내 의지가 지향하는 곳에서 그 올바르지 못한 것을 어떻게 제거하느냐에 달려 있다. 결국 판단주체인 내 마음의 문제인 셈이다. 이는 올바른 선택을 위한 의지의 촉구로 이어진다. 바로 그것이 천리로서 내 속에 내재된 양지良知의 올바른 발현이요, 참다운 앎에 이르는 치지致知의 길이다.

양명에게는 자신의 덕성을 닦고 이를 토대로 타인을 계도하려는 선도자의 강박관념도 없다. 나의 양지를 확인하려는, 즉 명덕을 밝히려는 노력이 있을 뿐이다. 도덕적 감화력을 기대하는 것은 때로는 의도된 위선일 수도 있다고 보았기 때문이다. 양명처럼 양지의 순수한 마음의 발로는 백성을 친하게 하는 것에 머물지 않는다. 만약 한 사물이라도 제자리를 찾지 못하는 현실은 내 마음속에 있는 인仁을 다하지 못한다는 절박함이 들어있다. 만물일체라는 생명의 연대감으로부터 직접 용솟음쳐 나온 '충동'이다. 양명은 도덕적 감화력보다는 스스로의 도덕적 감수성을 회복해 나가는 것이 근본적이며 효과적이라 판단한다. 만물일체로 나아가는 양지는 자타가 통일되는 도덕적 충동을 일깨우는 일이기 때문이다. 또 그렇게 나로부터 시작되는 앎의 과정은 자신의 의지가 내포된 분명한 지향점이 있기에 양명에게 있어서 앎과 행위는 애초에 분리되지 않는다.

안다는 것은 실천의 시작이며, 실천은 앎의 완성이다. 이처럼 양명이 내세운 지행합일知行合一의 슬로건은 새로운 자기 변신을 꿈꾸는 명대 지식인들의 마음을 사로잡는 열정의 지표였다.

제2절. 지선至善에 이르는 과정

주자는 자신의 밝은 덕을 밝히려는 명명덕明明德과, 주변을 새롭게 하는 신민新民, 그리고 명명덕과 신민을 최고의 이상적 상태로 이끌어 지속하겠다는 지어지선止於至善을 대학의 3강령綱領으로 제시합니다. 그러한 최고의 경지는 지적 차원의 앎에서 끝나는 것이 아니라, 몸소 체험하고 터득하는 일련의 과정이 필요합니다. 『대학』에서는 큰 배움의 지향점으로 제시된 3강령의 목표에 이어, 지극한 경지에 이르는 과정을 다음과 같이 구체적으로 제시합니다.

지극한 선의 경지에 머물 것을 안 뒤에 방향이 정해지고, 방향이 정해진 다음에야 마음이 차분할 수 있으며, 마음이 차분해진 뒤에야 자신이 처한 환경에 편안할 수 있으며, 편안해진 뒤에야 일을 정밀하게 생각하여 처리할 수 있으며, 정밀하게 생각한 뒤에 지선의 경지를 터득할 수 있다.

知止而后에 有定이니 定而后에 能靜하며
지 지 이 후   유 정   정 이 후   능 정

靜而后에 能安하며 安而后에 能慮하며 慮而后에 能得이니라
정 이 후   능 안   안 이 후   능 려   여 이 후   능 득

※ 후(后): 뒤, 후(後) 자와 같이 쓰임. 정(定): 정해지다, 지향점. 정(靜): 고요하다. 려(慮): 정밀하게 생각하다. 고려하다. 득(得): 얻다. 터득하다.

자신이 마땅히 머물러야 할 지선의 경지를 알아야만 비로소 마음이 움직이는 의지의 방향을 정할 수 있습니다. 마음의 방향이 정해진 다음에야 비로소 마음이 함부로 움직이지 않고 차분하게 되어 심리적 안정을 얻을 수 있습니다. 그리고 마음의 안정을 얻은 다음에야 자신이 처한 환경에서 편안한 마음으로 일처리를 할 수 있습니다. 심리적 편안함은 당면한 일에 대하여 정밀하고 자세하게 판단할 수 있는 여유가 생깁니다. 그리고 일을 정밀하고 자세하게 생각한 다음에야 비로소 자신이 마땅히 머물러야 할 경지를 얻을 수 있습니다.

이렇게 앎에서 진정한 의미의 터득에 이르는 일련의 과정을 주자는 다음과 같이 풀이하고 있습니다.

> 머무를 곳을 안다는 것은 갈 곳을 아는 것이니, 이미 갈 곳을 알고 나면 마음이 정해져 다시금 다른 곳을 둘러보지 않게 된다. 예를 들면 길을 갈 적에 가야 될 길을 알게 되면 마음에 자연히 정해진 곳이 있게 된다. 만약 여기에서 찾고 또다시 저기에서 찾는다면 아직 마음이 정해지지 않는 것이다. 그러나 정定, 정靜, 안安, 려慮, 득得 다섯 글자는 공부의 효과가 드러나는 순서이지, 공부를 하는 구체적인 절목이 아니다. 머무를 곳을 알자마자 자연히 서로 꼬리를 물고 이어지면서 공부의 효과가 드러난다.[4]

---

4. 『대학장구』 소주(小註) 참조.

제대로 알지 못하면 올바른 실천에 방해가 됩니다. 올바른 행위라도 맹목적 답습에서 나온 것이라면 변화에 적응하지 못하는 경직된 행동으로 이어질 수도 있습니다. 『대학』의 3강령에서 제시된 지극한 선에 머문다는 지선의 경지를 안다는 것이 끝은 아닙니다. 단지 향후 어떻게 해야 된다는 지향점定을 아는 출발지에 그칠 우려도 있습니다. 목표를 분명히 안다는 것은 어디로 갈지를 아는 것이니, 이미 갈 곳을 알고 나면 마음이 정해집니다. 만약 여기서도 찾고 저기서도 찾는 흔들림이 여전하다면 아직 정해졌다고 말할 수 없을 것입니다.

목표를 향한 지향점이 분명하다면 심리적으로 안정되고靜, 자신이 처한 환경에 편안해지며安, 일처리에 있어 주도면밀하게 생각할 수 있는 여유가 생기고慮, 그 과정에서 지선의 경지를 터득得할 수 있습니다. 그러나 앎에서 시작하여 터득의 경지에 이르는 과정은 공부의 효과가 드러나는 순서를 자세히 구분한 것일 뿐입니다. 한 단계가 끝나고 다시 한 단계가 시작되는 과정이 아닙니다. 지선의 경지에 확고한 목표가 설정되었다면, 나머지는 자연히 서로 꼬리에 꼬리를 물고 이어지면서 공부의 효과로 드러날 것입니다. 조급할 필요도 없고 포기해서도 안 될 것입니다. 나의 명덕이 점차 주변으로 퍼져나가면서 내가 어떤 위치에 있든지 나로 인해 나와 관계된 세상은 보다 밝아질 것입니다.

이어서 3강령에서 제시한 배움의 목표와 터득의 과정을 한데 묶어 중요한 점이 무엇인지를 다시금 정리합니다.

만물에는 근본과 말단이 있고 일에는 끝과 처음이 있으니, 먼저 하고 나중에 할 것을 안다면 도에 가까울 것이다.

物有本末하고 事有終始하니 知所先後면 則近道矣리라
물 유 본 말　　사 유 종 시　　지 소 선 후　　즉 근 도 의

※ **물**(物): 사물. 만물. **사**(事): 당면한 일. **종**(終): 마침. **시**(始): 시작.

나를 포함하여 우주 내의 모든 존재나 사태를 한자에서는 물物로 포괄하여 말하기도 합니다. 만물에는 우리 인간도 포함되는 것이지요. 만물에 근본과 말단이 있다는 것을 3강령에 적용시키면 나의 명덕을 밝히는 일이 근본이고 백성을 새롭게 하는 신민은 상대적으로 말단이 됩니다. 명덕을 밝히려는 노력에서 신민에 이르는, 즉 명덕부터 시작하는 가치의 우선순위를 정하고, 점차 단계적으로 확대되는 방법론을 제시하고 있는 것입니다. 본말은 하나로 연관된다는 같음을 말함과 동시에, 가치적으로 볼 때 순서의 다름이 있음을 뜻합니다. 나무의 뿌리와 열매를 하나로 연관시켜 보면서도 뿌리가 튼실함을 먼저 생각하는 것과 같습니다. 내면의 수양인 명덕이 근본이고 이러한 마음의 외적 확산이 신민으로 이어짐을 강조하는, 이를테면 수신제가修身齊家나 가화만사성家和萬事成과 같은 확장형 구도로 설명하는 것입니다.

결과는 같을지라도 일을 처리함에 있어서 아는 것과 그것을 터득하는 것은 순서를 달리합니다. 먼저 그쳐야 될 지극한 경지를 충분히 이해한 다음에야 터득의 경지로 차근차근 나아갈 수 있기 때문입니다. 표현상으로 볼 때 3강령의 마지막인 지극한 경지를 안다는 지지

知止가 끝이 되지만, 어찌 보면 터득의 경지인 능득能得을 향한 시작이 될 뿐입니다. 사유종시事有終始! 일에는 '끝과 처음'이 있다는 종시終始의 구도는 시작에서 끝을 향해 달리는 단선적이며 발전론적 사고에 익숙한 현대인들에게 다소 낯선 측면도 있습니다. 동양적 시각에서 마지막은 끝이 아니라 새로운 시작을 알리는 출발점이기 때문입니다. 알고 나면 끝나는 것이 아닙니다. 앎은 자신의 삶으로 터득을 얻기 위한 시작에 불과하기 때문입니다.

중국 샤먼대학 교시인 '지어지선'

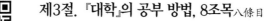

제3절. 『대학』의 공부 방법, 8조목八條目

『대학』에서는 큰 사람이 되기 위한 3강령과 더불어, 8조목이라 하여 공부 방법을 순서대로 제시합니다.

옛날에 천하 모든 이들에게 자신들의 밝은 덕을 밝혀주고자 하는 사람은 먼저 자기의 나라부터 잘 다스리고, 자기의 나라를 다스리려는 사람은 먼저 자기 집안부터 가지런히 하고, 자기의 집안을 가지런히 하려는 사람은 먼저 자신의 몸부터 잘 수양하였다. 자신의 몸을 잘 수양하려는 사람은 먼저 자신의 마음부터 바르게 가졌으며, 자신의 마음을 바르게 가지려는 사람은 먼저 마음에서 나오는 의지를 성실하게 하였으며, 의지를 성실하게 하려는 사람은 먼저 자신의 앎을 다하였으니, 앎을 다하는 것은 사물에 대한 이치를 철저히 탐구하는 데 있다.

古之欲明明德於天下者는 先治其國하고
고 지 욕 명 명 덕 어 천 하 자   선 치 기 국

欲治其國者는 先齊其家하고 欲齊其家者는 先修其身하고
욕 치 기 국 자   선 제 기 가   욕 제 기 가 자   선 수 기 신

欲修其身者는 先正其心하고 欲正其心者는 先誠其意하고
욕 수 기 신 자   선 정 기 심   욕 정 기 심 자   선 성 기 의

欲誠其意者는 先致其知하니 致知는 在格物이니라
욕 성 기 의 자   선 치 기 지   치 지   재 격 물

※ 욕(欲): 원하다. 제(齊): 가지런히 하다. 성(誠): 성실. 치(致): 철저히 하다. 격(格): 이르다[至] 혹은 바로잡다[正]. 물(物): 사물에 내재된 이치[理]

자신뿐 아니라 천하 모든 이들의 명덕이 밝혀지기를 원하는 사람은 보통 사람은 아닐 것입니다. 막강한 권력의 힘을 내세워 억압하려는 것이 결코 아닙니다. 자기 스스로의 명덕을 밝히고 이를 미루어 백성을 새롭게 하여, 결과적으로 천하 모든 사람들로 하여금 각자 자신들의 명덕을 밝히도록 하려는 것이기 때문입니다. 모든 사람들이 명덕을 밝히게 되면 천하가 평화롭고 공평하지 않음이 없을 것으로 내다본 것입니다. 그러나 천자가 다스리는 천하는 그 아래에 제후가 다스리는 국國과 대부가 다스리는 가家로 구성되어 있습니다. 보다 큰 범위를 다스리려면 그 아래에서부터 다스릴 줄 아는 능력이 필요합니다. 그래서 천하를 평화롭게 만들려면 치국治國하고 제가齊家하는 식으로 좁혀가고, 결국 자신의 몸가짐을 바르게 하는 수신修身이 모든 일의 출발지로서 중요하게 부각됩니다. 흔히 말하는 수신 → 제가 → 치국 → 평천하의 구도입니다.

그러나 『대학』에서는 수신에 필요한 조건으로 다시 네 가지를 제시합니다. 정심正心, 성의誠意, 격물格物, 치지致知가 바로 그것입니다. 몸을 주재하는 것은 마음이니, 정심正心이라 하여 먼저 마음을 올바르게 해야 합니다. 그 마음은 의지意志의 표출이니, 성의誠意라 하여 생각의 출발지인 뜻을 성실하게 해야 합니다. 불현듯 어떤 생각이 떠오를 때라도 사사로운 욕심이 끼어들어 악으로 흐르지 않도록 하려는 것입니다. 자기 자신에게조차 일체의 속임이 없는 무자기無自欺의 순수한 마음입니다. 여기서 의지란 다음과 같이 일반적으로 표출되는 감정과 구분되어 사용됩니다.

감정情이란 상황에 따라 자연스럽게 표출되는 것이라면, 의지意는 그 상황을 주관하는 것과 같다. 예를 들면 감정은 배나 수레와 같고, 의지는 사람이 배나 수레를 모는 것과 같다.[5]

자신의 의지가 분명해지려면 어떻게 해야 할까요? 상황에 대한 정확한 이해가 뒤따라야겠지요. 여기서 상황을 안다는 것은 자신이 처한 세상에 대한 이치를 제대로 인식하고 주체적인 결단을 마련해 가는 일입니다. 이것을 격물치지格物致知라 말합니다. 성리학자들은 천하의 일에는 그렇게 될 수밖에 없는 객관적인 이유뿐 아니라, 마땅히 그렇게 해야 되는 당위적 측면도 있다고 보았습니다. 이것을 이치理라 말합니다. 만물에 내재된 이치를 철저히 탐구하는 격물格物의 과정에서, 그리고 자신의 인식을 보다 분명히 해나가는 치지致知의 과정에서 참된 앎이 이루어진다고 보았습니다. 주목할 점은 격물과 치지가 하나의 일을 설명하고 있다는 점입니다. 오늘은 격물공부 하고 내일은 치지한다는 식이 아닙니다. 공부가 곧 인격적 성숙으로 이어진다는 말입니다.

이상 8가지가 『대학』에서 말하는 8조목입니다. 우리는 흔히 수신제가치국평천하修身齊家治國平天下를 말하곤 합니다. 그러나 『대학』의 입장에서 본다면 마지막 단계에서 말하는 평천하의 이상은 치국, 제가,

---

5. 『대학장구』 소주. "朱子嘗曰 情是發出恁地, 意是主張要恁地. 情如舟車, 意如人使那舟車一般."

수신, 정심, 성의, 치지, 격물의 과정을 통해 보다 구체화된 결과물입니다. 마치 모래시계를 뒤집으면 모래가 다시 떨어지듯이 수신修身을 기점으로 위아래가 연결됩니다. 그리고 『대학』에서는 다시 격물치지로부터 평천하에 이르는 과정을 역으로 설명하고 있습니다.

> 사물의 지극한 이치에 도달한 다음에 나의 앎이 지극해지고, 나의 앎이 지극해진 뒤에 뜻이 성실해지며, 뜻이 성실해진 뒤에 마음이 올바르게 되고, 마음이 올바르게 된 뒤에 몸이 닦이고, 몸이 닦인 뒤에 집이 가지런해지고, 집이 가지런해진 뒤에 나라가 다스려지고, 나라가 다스려진 뒤에 천하가 평화롭게 된다.

物格而后에 知至하고 知至而后에 意誠하고
물 격 이 후　　지 지　　　　지 지 이 후　　　의 성

意誠而后에 心正하고 心正而后에 身修하고
의 성 이 후　　심 정　　　　심 정 이 후　　　신 수

身修而后에 家齊하고 家齊而后에 國治하고
신 수 이 후　　가 제　　　　가 제 이 후　　　국 치

國治而后에 天下平이니라
국 치 이 후　　천 하 평

8조목의 순서를 다시 뒤집어 말하는 이유는 무엇일까요? 격물格物과 물격物格의 차이에서 분명히 드러납니다. 내가 주체가 되어 만물의 이치를 철저히 탐구하다 보면, 어느 순간 그 이치와 내가 자연스럽게 하나가 되는 순간이 있습니다. 공부의 과정과 그 결과의 차이라고도 볼 수 있을 것입니다. 『논어』에서도 "인仁이 멀리 있겠는가? 내가 어질고자 한다면 인해질 것이다仁遠乎哉? 我欲仁, 斯仁至矣."(『논어』「술이」)라고 하여, 내 속에 있는 도덕적 마음이 그대로 표출되도록 강조하는 말이 있습니다.

이처럼 8조목을 역순으로 보면, 철저한 진리 탐구의 결과로 내 인식은 분명해지고, 제대로 된 앎을 바탕으로 의지가 성실해지고, 의지가 성실해진 뒤에 마음이 바르게 되고, 마음이 바르게 된 뒤에 몸이 잘 수양되며, 몸이 잘 수양된 뒤에 집안이 가지런해지고, 집안이 가지런해진 뒤에 나라가 잘 다스려지며, 나라가 잘 다스려진 뒤에 천하가 평화롭게 됩니다.

여기서 중요한 시사점은 개인의 도덕성이 모든 정치적 사회적 가치를 실현시키는 전제조건이 된다는 점입니다. 즉 도덕적인 개인이 국가사회 발전의 원동력이 되는 것입니다. 이처럼 수신과 제가로 대표되는 도덕과 정치를 분리시키지 않고 연속적으로 사유하는 것은 유학의 오랜 전통으로 자리하고 있습니다. 이러한 관점에서 우리는 수신제가의 연속적 사유를 통해 유학에서 효孝가 특별히 강조된 이유를 생각할 수 있습니다.

유가에서 효가 중요한 덕목으로 간주되었던 것은 가정에서 배운 효도가 모든 사회관계로 확대되는 기초이므로 가족을 통해 인간답게 행동하는 법을 배우기 때문입니다. 즉 효는 부모님에게 은혜를 갚는 차원을 넘어서 타인에게 친절하게 대하고, 타인의 친절에 반응하며, 개인의 이익보다 타인의 이익, 공익을 중시하는 것을 이해하는 법을 가르칩니다.

효를 토대로 점진적 확대를 도모하는 유가의 신축성이 풍부한 연계망 안에서 모든 가치의 중심은 언제 어디서나 '자신'으로부터 비롯됩니다. 타인에 대한 배려나 공익을 위한 헌신 여부는 사회적 유도의 측면도 있지만, 마지막 순간에는 자기 자신이 결정하는 것이기 때문입니다. 예를 들어 같은 사랑을 말하더라도 일반적으로 종교를 근거로 한 사랑은 인간 밖의 절대자를 매개로 삼는 까닭에 그것은 차별이 없는 보편적이요 절대적인 사랑입니다. 그러나 유가에서 인仁을 바탕으로 이루어지는 사랑의 친밀한 감정은 사람과 사람의 관계에서 자연적으로 생기는 인간적 감정에 기초를 두는 것이므로 친함과 소원함에 따른 상대적인 사랑입니다. 따라서 유가에서는 선택의 중심에 서 있는 자신을 경계하면서 "자기의 사욕을 극복하라克己", "자신에게 돌이켜라反求諸己" 등 자기반성형 사고에 특별히 많은 관심을 기울입니다. 이는 애초부터 차등적 사랑에 기초하였지만, 그를 넘어서 보편적 윤리로 확충하는 것을 바람직한 인간다움의 구현으로 보는 유가의 가치관이 반영되고 있는 것입니다.

『대학』에서는 1장의 3강령 8조목을 마무리하면서 수신修身을 다시금 강조합니다.

천자로부터 일반 사람들에 이르기까지 모두 수신을 근본으로 삼는다. 그 근본이 어지러우면서 끝이 다스려지는 자는 없으며, 그 두텁게 해야 할 곳에 박하게 하면서 박하게 해도 될 곳에 두텁게 하는 자는 있지 않다.

自天子以至於庶人이 壹是皆以修身爲本이니라
자 천 자 이 지 어 서 인   일 시 개 이 수 신 위 본

其本이 亂而末治者否矣며 其所厚者에 薄이오
기 본   난 이 말 치 자 부 의   기 소 후 자   박

而其所薄者에 厚하리 未之有也니라.
이 기 소 박 자   후   미 지 유 야

※ **자**(自)~**이지**(以至): ～부터 ～까지. **서인**(庶人): 일반 사람들. **일시**(壹是): 일체,
　모두. **후**(厚): 두텁다. **박**(薄): 엷다, 가볍게 대하다.

　본말의 구도에서 볼 때, 몸이 근본이라면 집안이나 국가 그리고 천하는 말단입니다. 만일 자신의 몸가짐을 제대로 할 수 없다면 근본이 어지러운 상태입니다. 그 상태에서 집안이 가지런하고 나라가 다스려지며 천하가 평화롭기를 기대하는 것은 어렵다는 것입니다. 만약 집안을 중심으로 천하를 말하면, 집안사람은 마땅히 친근하고 두텁게 대해야 할 사람들이고, 주변 사람들은 상대적으로 박하게 대하게 되는 사람들입니다. 상대적 측면에서 그렇다는 것입니다. 내 자신을 닦아서 집안을 가지런히 하지 못한다면, 이는 두텁게 해야 될 것에 오히려 야박하게 대하는 것입니다.

　따라서 나라가 다스려지고 천하가 화평해지려면 두터이 할 곳에 더욱 신경을 써야 합니다. 이는 수신이 모든 일의 근본이 되어 자신을 수양하지 않을 수 없다는 것을 비유적으로 말하는 것입니다. 또한 명덕이 신민의 근본이 된다는 것을 다시금 강조하는 것이기도 합니다. 역시 그 모든 결과는 수신으로 귀결됩니다. 진정한 자아의 참모습을 찾으려는 나의 참다운 변화가 모든 일의 출발이라는 수신위본修身爲本은 우리가 추구해야 될 변함없는 가치입니다.

　『대학장구』에서는 3강령과 8조목, 그리고 수신을 205자로 압축적

으로 서술한 부분을 경經 1장이라 말합니다. 또한 공자의 말을 그의 제자인 증자曾子가 기술했다고 하여 그 권위를 더하고 있습니다. 이하 구절은 증자의 뜻을 다시 그 문인들이 기록했다고 하여 전傳이라 구분합니다. 『대학』을 경전經傳의 반열에 올려놓으며 그 의미를 보다 체계화시켰던 것입니다.

경에 힘쓰는 방법

어떤 이가 묻기를 "경敬을 당신은 어떻게 힘을 씁니까?" 하니, 주자는 말하였다.

"정자程子는 일찍이 '마음을 오로지하여 잡념을 가지지 않는 주일무적主一無適'으로 말하였고, 또 '정제整齊'와 '엄숙嚴肅'으로 말하였다. 그리고 그의 문인 사양좌謝良佐의 말에 '항상 깨어 있게 하는 법常惺惺法'이라고 한 것이 있으며, 윤돈尹焞의 말에는 '그 마음을 단속하여 어떠한 것도 용납하지 않는다'는 말들이 있다. 경이란 마음의 주재主宰이며 만사의 근본이다. 그 힘쓸 방법을 알면 『소학』이 여기에서 시작한다는 것을 알 수 있을 것이며, 『소학』이 여기에서 시작한다는 것을 알면 『대학』이 여기에서 끝맺는다는 것도 같은 이치로 꿰뚫어서 의심이 없을 것이다. 대개 이 마음이 이미 확립되고 이것으로 말미암아 사물을 연구하여 앎을 지극히 해서 사물의 이치를 다한다면, 이것이 이른바 '덕성을 높이고 학문을 말미암는다尊德性而道問學'는 것이요, 이로 말미암아 뜻을 성실히 하고 마음을 바르게 하여 그 몸을 닦으면 이것이 이른바 '먼저 그 큰 것을 세우면 작은 것이 빼앗지 못한다先立其大者, 而小者不能奪'는 것이요, 이것으로 인하여 집을 정돈하고 나라를 다스려 천하에까지 미치면 이것이 이른바 '몸을 닦아서 백성을 편안하게 하고修己以安百姓 공손함을 독실히 하여 천하를 화평하게 한다篤恭而天下平'는 것이다. 이것은 모두 하루라도 경敬에서 떠나지 못한다는 것이니, 경이라는 한 글자가 어찌 성학聖學의 처음과 끝이 되는 요긴한 것이 아니겠는가."

或曰 "敬若何以用力耶?" 朱子曰 "程子嘗以主一無適言之, 嘗以整齊
嚴肅言之, 門人謝氏之說則有所謂常惺惺法者焉, 尹氏之說則有其心
收斂, 不容一物者焉云云. 敬者一心之主宰而萬事之本根也. 知其所
以用力之方, 則知小學之不能無賴於此以爲始; 知小學之賴此以始,
則夫大學之不能無賴於此以爲終者, 可以一以貫之而無疑矣. 蓋此心
旣立, 由是格物致知, 以盡事物之理, 則所謂尊德性而道問學. 由是誠
意正心以修其身, 則所謂先立其大者, 而小者不能奪. 由是齊家治國
以及乎天下, 則所謂修己以安百姓, 篤恭而天下平. 是皆未始一日而
離乎敬也. 然則敬之一字, 豈非聖學始終之要也哉"

○〈퇴계의 보충설명〉 윗글은 공자가 남긴 『대학』의 첫 장인데, 조선 초
에 권근權近이 이 그림을 만들었습니다. 장章 아래 인용한 『혹문』의 『대
학』과 『소학』을 통론한 뜻은 그 설명이 '소학도小學圖' 아래에 있습니다.
(중략) 경敬은 위에서부터 끝까지 통하는 것이니, 공부를 하여 효과를
거두는 데 있어 모두 따르고 잃지 말아야 할 것입니다. 그러므로 주자의
말이 그와 같으니, 지금 이 열가지 그림도 모두 경으로써 중심을 삼았습
니다.

○右孔氏遺書之首章. 國初, 臣權近作此圖. 章下所引或問通論大小學
之義, 說見小學圖下. 然非但二說當通看, 幷與上下八圖, 皆當通此二
圖而看. 蓋上二圖是求端擴充體天盡道極致之處, 爲小學大學之標準

本原. 下六圖. 是明善誠身崇德廣業用力之處. 屬小學大學之田地事功. 而敬者又徹上徹下. 著工收效 皆當從事而勿失者也. 故朱子之說如彼 而今玆十圖. 皆以敬爲主焉. 太極圖說. 言靜不言敬. 朱子註中. 言敬以補之.

퇴계 이황의 『성학십도聖學十圖』 제4도 '대학도大學圖'

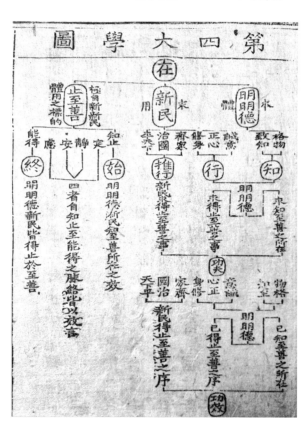

傳

전 1장

덕으로 세상과 소통하라

大學

『대학장구』는 경經과 전傳을 구분합니다. 3강령 8조목을 중심으로
대학의 큰 틀을 제시한 부분을 경이라 하고, 그에 대한 자세한 풀이
를 전이라 하여 10장으로 나누어 구체적으로 설명합니다. 전傳이란
경에 대한 해석이라 할 수 있는데, 『시경』, 『서경』 등 그 이전의 여러
경전을 발췌하여 인용하고 있습니다. 『대학』 자체도 어려운데 그 이
전 시대의 경전을 인용하고 있으므로 때로는 해석에 어려움을 주기
도 합니다. 그러나 『시경』과 『서경』 등의 다양한 고전을 맥락에 따라
접할 수 있다는 장점도 있습니다.

먼저 1장은 명덕을 밝힌다는 명명덕明明德에 대하여 『서경』에서 언
급한 내용을 소개하고 있습니다.

「강고」에 "(문왕께서는) 덕을 잘 밝혔다."라고 하였으며,

康誥에 曰 克明德이라하며
강 고 　 왈 　 극 명 덕

※ **강고**(康誥): 『서경』 주서(周書)의 강고편. **고**(誥): 가르치다. 훈계하다. **극**(克): 충분
히 잘한다는 능(能)의 의미.

유학의 경전 가운데 주로 정치에 관한 일을 말하고 있는『서경』은 역사적 추이에 따라 서술되어 있습니다. 요와 순임금의 일을 서술하는「우서虞書」를 시작으로, 하나라의「하서夏書」, 상나라의「상서商書」, 그리고 주나라의「주서周書」로 나누고 다시 주요 임금들의 세부적인 일들을 기록하고 있는 것입니다. 위에 인용된 강고康誥는 주서에 실린 편명으로 주나라 무왕의 아우인 강숙康叔을 은나라 옛 땅인 위衛나라에 임명하면서 훈계하던 글입니다. 무왕은 낙洛 땅에 주나라의 새로운 도읍지를 정하고 사방의 관리들에게 백성들과 화합하는 정치를 권고하는 다음과 같은 메시지를 전합니다.

> 제후의 으뜸인 내 아우 봉封아!
> 크게 훌륭하셨던 부친 문왕께서는 덕을 밝히시고 형벌을 삼가셨다
> 감히 홀아비와 과부를 업신여기지 않으시며,
> 등용해야 할 사람을 등용하고,
> 공경해야 할 사람을 공경하고,
> 위엄을 보여야 할 사람에게 위엄을 보이셔서,
> 백성에게 덕을 드러내어 비로소 우리나라를 만드셨다.[1]

본문은『대학』의 핵심인 '명덕明德'에 주목하여 그 부분만을 융통성 있게 발췌한 것입니다. 문왕이 주나라를 세우신 크고 빛난 업적은 오

---

1. 『서경』「주서」'강고편'. 王若曰: "孟侯朕其弟, 小子封! 惟乃丕顯考文王, 克明德愼罰. 不敢侮鰥寡, 庸庸, 祗祗, 威威, 顯民, 用肇造我區夏."

직 덕을 밝히고 형벌을 삼가셨던 점明德慎罰에 있으므로 너도 이처럼 통치하라는 말입니다. 어려운 사람들을 보살피고 어진 이를 공경하면서 죄를 지은 자를 토벌하였던 문왕의 마음은 사적인 이기심에서 나온 행위가 아니었습니다. 나를 넘어 우리 모두를 향한 그 마음을 덕德이라 말하는데, 이는 주나라 왕조를 세운 기틀이 되었습니다. 자신이 덕을 소유하고 있으면서 제대로 드러내지 못하는 일반인들과는 달리, 오직 문왕만이 자신의 덕성을 분명히 밝혀냈다고 평가합니다. 그래서 충분하게 했다는 의미의 '극克' 자에 주목하여 분왕만이 성발로 그렇게 덕을 실현했다는 의미가 들어있습니다. 이어 탕임금을 보좌하였던 이윤의 말을 인용합니다.

「태갑」에서 "(탕왕은) 하늘이 내려주신 밝은 명령을 항상 돌아보았다." 라고 하였으며,

太甲에 曰 顧諟天之明命이라하며
태 갑 왈 고 시 천 지 명 령

※ **태갑(太甲)**: 『서경』「상서」의 편명. **고(顧)**: 돌아보다. 항상 그곳을 생각하다. **시(諟)**: 이 차(此)와 같은 글자. 혹은 살피다(審)의 의미.

탕임금의 후계자로 등극한 태갑은 군주의 지위를 내세워 오만방자했던 인물입니다. 그런 그를 훌륭한 군주로 만들기 위해 정승이었던 이윤은 많은 노력을 기울입니다. 이윤이 올린 건의문이 「태갑」편에 다음과 같이 소개되어 있습니다.[2]

2. 『서경』「상서」'태갑'편 참조.

선왕께서는 이 하늘이 자신에게 내려주신 밝은 명령을 늘 돌아보셔서, 위아래의 신을 받드는 종묘사직을 항상 공경하고 엄숙하게 지켰습니다. 하늘이 그 덕을 살피시고 큰 명령을 내려 천하를 어루만지고 안정되도록 하셨습니다. 저 이윤도 좌우에서 임금을 보필하여 많은 이들을 편안히 살게 하였으므로 지금 군주께서 크게 나라의 기틀과 실마리를 계승하실 수 있었던 것입니다.

당시 태갑은 어진 재상이었던 이윤의 경고를 무시하고 제멋대로 권력을 행사하다가, 이윤에 의해 일시적으로 추방되기도 합니다. 그러나 결국 자신의 잘못을 뉘우치고 다시 왕위의 자리로 복귀하는 과정을 겪게 됩니다. 이윤은 오늘날 태갑이 탕임금의 뒤를 이어 천자의 자리에 오를 수 있었던 이유를 설명하면서 천자로서 공경히 일처리를 해줄 것을 당부합니다. 여기서 이윤이 말한 하늘의 밝은 명령이란 태어날 때부터 우리에게 갖추어진 밝은 덕입니다. 탕왕은 그것을 마음 깊이 새기면서 항상 밝도록 노력하였던 인물이었던 것입니다. 이어서 시대를 거슬러 요임금의 사례까지 거론합니다.

「제전」에서 "(요임금은) 큰 덕을 잘 밝혔다."라고 하였으니, 모두 스스로의 덕을 밝혀나갔던 것이다.

帝典에 曰 克明峻德이라
제 전 왈 극 명 준 덕

※ **제전(帝典)**: 『서경』 우서(虞書)의 「요전堯典」편. **준(峻)**: 크다.

『서경』첫머리는 요임금에 대한 기록에서 시작됩니다. 흔히 태평성대를 요순시대로 말하듯이, 요임금과 순임금은 중국 역사에서 훌륭한 인물로 거론되곤 합니다. 높고도 멀다는 공경의 의미가 담긴 요堯가 제왕의 모델이 되었던 이유는 무엇이었을까요? 요임금은 자신이 지닌 큰 덕을 밝힐 수 있었고, 이를 기반으로 모든 친족을 친목으로 이끌면서 이 마음을 백성 모두에게 펼쳐 나갔습니다. 만방으로 떨쳐나간 요임금의 근원적인 힘은 자신이 지닌 덕성을 밝혀나갔다는 점에 주목하고 있는 것입니다. 참고로 경복궁 정문인 광화문光化門의 현판도 요임금을 칭송하면서 제시된 '임금의 큰 덕으로 온 나라를 비추어 만방을 교화시킨다'[3]는 글귀에서 따온 것입니다.

『대학』에서 말한 이상의 세 구절을 다시금 합쳐보면 다음과 같이 스스로의 명덕을 밝힌다는 의미로 귀결됩니다.

> 「강고」에 "(문왕께서는) 덕을 잘 밝혔다."라고 하였으며, 「태갑」에서 "(탕왕은) 하늘이 내려주신 밝은 명령을 항상 돌아보았다."라고 하였으며, 「제전」에서 "(요임금은) 큰 덕을 잘 밝혔다."라고 하였으니, 모두들 스스로 덕을 밝혀나갔던 것이다.

모두 보편적으로 내재된 '명덕'의 도덕적 가치에 주목하고 그 덕을 밝히려는 주체의 각성을 강조합니다. 유학에서 본 인간은 애초에 하

---

3. 『서경』「요전」에는 요임금의 덕을 칭송하면서 '光被四表'과 '協和萬邦'이라 말하고 있다.

늘로부터 밝은 덕성을 부여받았지만, 태생적인 기품의 차이와 후천적인 욕망에 이끌려 자신의 본래 모습을 상실해가는 것으로 봅니다. 『서경』에서 인용한 문왕이나 탕임금, 그리고 요임금은 모두 자신이 지닌 덕성을 이해하고 충분히 발휘시켜 나갔던 인물로 평가하고 있습니다. 스스로 그 덕을 밝혀나갔다는 '자명自明'의 노력은 그들이 성인으로 추앙받던 이유였던 것입니다.

군이 차이를 찾는다면 첫째 구절에서는 문왕이 명덕을 잘 밝히려는 노력했다는 '극克' 자가 중시됩니다. 둘째 구절에서는 되돌아보고 주목한다는 '고顧'가 강조되어 명덕의 근원이 하늘로부터 부여된 절대적이며 보편적임을 나타냅니다. 단순히 되돌아보는 정도가 아닙니다. 그 순수하고 밝은 마음을 내 속에 깊이 새겨두고 항상 잊지 않으려는 탕임금의 태도를 보여줍니다. 셋째 구절에서 요임금이 지닌 큰 덕이란 결국 자신의 명덕을 밝히려는 것에서 비롯되었음을 보여줍니다. 결국 자신의 덕을 밝히려는 노력은 시대를 넘어서 세상 모두와 소통하는 힘이었음을 강조하는 것입니다.

나날이 새로워져라

大學

명덕을 밝힌다는 구절에 이어 신민新民에 관한 풀이입니다.

탕임금의 세면대야에 새겨진 글에 "진실로 날로 새로워졌거든, 나날이 새롭게 하고 또 나날이 새롭게 하라."고 하였으며,

湯之盤銘에 曰 "苟日新이어든 日日新하고 又日新"이라하며
탕 지 반 명　왈　구 일 신　　　일 일 신　　우 일 신

※ **탕**(湯): 탕임금. **반**(盤): 목욕할 때 사용하는 그릇인 세면대야. **명**(銘): 그릇에 이름
  을 새긴 것으로 스스로 경계로 삼는 말. **구**(苟): 진실로, 정말[誠]. **일일**(日日): 하
  루하루, 나날이. **우**(又): 또.

유학자들이 정치적 이상으로 생각하는 탕임금은 백성을 위한 정치를 잘했던 임금입니다. 그는 천자라는 최고 권력을 지녔으면서도 항상 자기반성을 정치의 출발선으로 삼았습니다. 매일처럼 사용하는 세면대야에 자기변화를 위한 다짐의 글을 새기기까지 하였습니다. 일종의 좌우명座右銘이죠. 세월이 바뀐다고 내가 바뀌는 것이 아니라, 타성에 젖은 나를 일깨워야 합니다. 그 전환점은 나로부터 시작됩니다. 세상을 바꾸려고 뛰어들기 이전에 그 주체인 나부터 바뀌도

록 노력해야 할 것입니다.

『대학』에서 말하는 '일신日新'은 날마다 새롭게 자신을 변화시킨다는 뜻입니다. 좀 더 강조해서 매일같이 새롭게 하겠다는 '일일신日日新'도 중단 없는 전진이란 의미에서는 마찬가지입니다. 진실로 자신을 새롭게 변화시키고자 한다면, 끊임없는 각성의 나날을 보내야 할 것입니다. 그리고 미래를 위해 오늘을 알차게 보내겠다는 각오가 담겨있어야 할 것입니다. 그렇다면 무엇을 새롭게 하겠다는 것일까요? 구태의연한 모습에 빠진 나를 새롭게 변화시키겠다는 말입니다. 마치 목욕할 때에 묵은 때를 씻어내듯이 내 마음을 세탁하여 악을 제거하려는 노력을 다하려는 것입니다. 운동하는 사람들도 흔히 세심洗心

청동기 명문銘文

이란 말을 자주 사용하곤 합니다. 힘을 사용하지만 결국 그 힘의 원천도 내 마음에서 비롯되기에 마음의 정화가 먼저라는 것입니다. 그렇다면 더러운 옷가지를 세탁洗濯하듯 내 마음의 악함은 무엇이고, 그 잘못됨을 세탁하는 방법은 무엇일까요? 우리는 무엇을 좌우명으로 삼고 살아가고 있는가요?

참고로 율곡 이이는 『격몽요결』에서 이전의 잘못된 습관인 구습을 혁파하라는 '혁구습革舊習장'을 쓰는데 내용은 다음과 같습니다.

하나, 마음을 게을리 하고 위엄에 신경을 쓰지 않으며, 단지 편안만을 생각하고 구속을 싫어한다.

둘, 항상 이리저리 움직일 것을 생각하여 고요함을 지킬 수 없고, 바쁘게 돌아다니면서 쓸데없는 대화로 날마다 보낸다.

셋, 같기를 좋아하고 다르기를 싫어하면서 세속에 빠져들며, 점차 꾸미고자 하면서 대중과의 거리를 꺼려한다.

넷, 문장 수식을 좋아하여 세속의 명예를 취하며, 경전을 표절剽竊하여 허황되게 꾸민다.

다섯, 글쓰기에만 힘쓰고 음악과 술을 일삼으며, 평생 즐기면서 스스로를 완전히 깨끗하다고 평가한다.

여섯, 한가한 사람들과 어울리기를 좋아하고 바둑이나 두고 노름을 즐기며, 하루 종일 배불리 먹고 다만 다툼을 일삼는다.

일곱, 부귀를 부러워하고 빈천을 싫어하며, 허름한 옷과 변변찮은 음식을 몹시 부끄럽게 생각한다.

여덟, 욕망의 절제가 없어 끊거나 억제하지 못하고, 재물의 이익과 음악과 이성에 빠져 그 맛을 달콤하게 여긴다.[1]

율곡은 심지가 견고하지 못하고 행동이 독실하지 못한 원인을 제거하는 방법이 모두 자신의 결단에 달려있다고 말합니다. 단칼에 끊어버리는 일도쾌단一刀快斷의 마음으로 구습을 제거하여 심지를 굳건히 다져야 한다는 것입니다. 자기변화의 끊임없는 노력! 이것이 진정한 배움의 길이자 참다운 나를 찾아가는 방법일 것입니다.

자신을 새롭게 변화시키는 끝없는 자기정화 과정은 주변의 변화를 동반하고, 결과적으로 새로운 출발의 계기가 됩니다. 일신日新에 이어 이어지는 구절이 바로 그러한 내용입니다.

「강고」에서 "새로워진 백성을 진작시켜라"고 말하였으며,

康誥에 曰 作新民이라하며
강 고   왈 작 신 민

※ 작(作): 고무(鼓舞)시키다.

---

1. 『격몽요결』 '혁구습장'. "其一, 惰其心志, 放其儀形, 只思暇逸, 深厭拘束. 其二, 常思動作, 不能守靜, 紛紜出入, 打話度日. 其三, 喜同惡異, 汨於流俗, 稍欲修飭, 恐乖於衆. 其四, 好以文辭, 取譽於時, 剽竊經傳, 以飾浮藻. 其五, 工於筆札, 業於琴酒, 優游卒歲, 自謂淸致. 其六, 好聚閒人, 圍棋局戲, 飽食終日, 只資爭競. 其七, 歆羨富貴, 厭薄貧賤, 惡衣惡食, 深以爲恥. 其八, 嗜慾無節, 不能斷制, 貨利聲色."

『서경』에서는 강숙에게 백성을 새롭게 진작시키는 책임감을 다음과 같이 말합니다.

　　네가 해야 될 일은 왕의 덕을 넓혀 은나라 백성들을 화합하고 보호하는 것이다. 또한 왕을 도와서 천명을 자리 잡게 하고 백성을 진작시켜 새롭게 하는 데 있다.[2]

　백성을 보호하고 새롭게 진작시켜나가는 구절에서 신민新民의 의미가 강조되고 있습니다. 윗사람이 백성들을 때때로 계도하여 일깨워준다는 지식인의 책임의식은 작作이란 글자에 대한 해석에서 두드러집니다. 이미 자신을 새롭게 한 백성은 개과천선한 것입니다. 그런 상태에서 또 뒤따라 고무하고 흥기시켜서 그들로 하여금 계속 힘써 포기할 수 없도록 한다는 것이니, 이것이 바로 자신을 새롭게 하는 백성을 진작시켜 나간다는 뜻입니다. 마치 음악에 맞추어 자신도 모르게 발을 구르고 손을 흔들며 뛰어 놀 듯이 말입니다.

　주자는 백성을 새롭게 변화시키려는 '신민新民'에 앞서 자기 스스로가 새롭게 되어야 한다는 '자신自新'의 변신에 더욱 노력하라고 권합니다. 왜 스스로 새롭게 변화시키려는 '자신'을 백성을 새롭게 하려는 '신민'보다 앞서야 된다고 보는 것일까요? 새로워지는 것은 백성들

---

2. 『서경』 주서(周書)의 '강고편'. "汝惟小子, 乃服, 惟弘王, 應保殷民, 亦惟助王, 宅天命, 作新民."

스스로에게 달려 있지만, 그들을 진작시켜 새롭게 하는 계기는 나에게 달려 있기 때문입니다. 새로워지려고 노력하는 백성들에게 힘을 북돋아주는 지도자의 노력이 필요한 것입니다. 우리 세상은 모든 것이 나와 관계되어 있습니다. 나를 새롭게 하려는 내 자신의 변화노력을 멈추는 순간, 내 주변의 긍정적 변화도 기대할 수 없게 됩니다. 그러므로 『대학』에서는 백성을 새롭게 변화시키기 위한 조건으로 먼저 자신이 새로워져야 한다고 말하는 것입니다.

『시경』에서 "주나라는 비록 오래된 나라이지만 그 천명이 새롭다."라고 하였으니, 그러므로 군자는 그 지극한 선을 행하지 않음이 없느니라.

詩云 周雖舊邦이나 其命維新이라하니
시 운 주 수 구 방   기 명 유 신
是 故로 君子는 無所不用其極이니라
시 고   군 자   무 소 불 용 기 극

※ **시(詩)**:『시경』대아의 문왕편. **주(周)**: 주나라. **방(邦)**: 나라. **유(維)**: 발어사.

『시경』은 주나라를 세운 문왕의 덕을 기록한 이야기입니다. 주나라가 상나라를 대신하여 천자의 나라가 된 것은 천명을 계승한 문왕으로부터 말미암았음을 밝히면서 다음과 같이 성왕을 경계합니다.

문왕이 하늘 위에 계시어

아! 하늘에서 밝게 빛나시니

주나라가 비록 옛 나라이지만

그 천명이 새롭기만 하도다

주나라가 드러나지 않을까

상제의 명령이 때에 맞지 않을까

문왕께서 오르내리시며

상제의 좌우에서 계시도다[3]

돌아가신 문왕의 정치와 교화는 작은 나라였던 주나라가 은나라를 물리치고 오늘날 주나라가 천명을 받아 천자가 되었음을 말하고 있습니다. 이 모두가 문왕 자신의 명덕을 바탕으로 백성을 새롭게 변화시킨 효과라고 보고 있는 것입니다. 그는 사후에도 상제의 좌우에서 여전히 주나라 자손을 굽어 살피고 있는 고마움이 담겨있습니다. 특히 끝부분의 천명을 받아 새롭게 하였다는 '유신維新'은 주목할 만합니다. 새롭다는 것은 단순한 국가의 외형적 변화가 아니라 본질적인 변화를 뜻합니다.

군주의 영향력을 바람이라면, 백성은 풀에 비유하여 민초民草라고 말하기도 합니다. 풀은 바람이 부는 방향에 따라 흔들립니다. 초상지풍草上之風![4] 지도자의 마음에 따라 민심도 요동칩니다. 전통적으로 민심을 하늘의 마음인 천심天心으로 생각하고 백성을 받들려는 자가 천명을 얻을 것으로 여겼습니다. 백성들의 마음을 읽고 저마다의

---

3. 『시경』 대아(大雅)의 문왕편. "文王在上, 於昭于天. 周雖舊邦, 其命維新. 有周不顯, 帝命不時. 文王陟降, 在帝左右."
4. 『논어』 안연편. "季康子問政於孔子曰: '如殺無道, 以就有道, 何如?' 孔子對曰: '子爲政, 焉用殺? 子欲善, 而民善矣. 君子之德風, 小人之德草. 草上之風, 必偃.'"

욕구를 만족시켜주는 지도자를 바람직하게 생각했던 것입니다. 신민新民에 관한 이상의 몇 구절은 나름의 맥락이 있습니다. 먼저 원문의 흐름을 전체적으로 다시 살펴보도록 하겠습니다.

> 탕임금의 세면대야에 새겨진 글에 "진실로 날로 새로워졌거든, 나날이 새롭게 하고 또 나날이 새롭게 하라."고 하였으며, 「강고」에서 "새로워진 백성을 진작시켜라"고 말하였으며, 『시경』에서 "주나라는 비록 오래된 나라이지만 그 천명이 새롭다."라고 하였으니, 그러므로 군자는 그 지극한 선을 행하지 않음이 없느니라.

첫 번째는 탕임금의 좌우명을 제시하면서 백성을 새롭게 하려는 사람은 일신日新하고 또 일신하면서 자기 스스로를 먼저 새롭게 해야 한다고 말합니다. 이어서 시를 인용하여 스스로 새롭게 변화된 백성을 더욱 진작시키는데 노력하라는 교화의 방법을 제시하고, 마지막은 문왕의 사례를 통해 자신을 새롭게 변화하자 백성의 덕도 모두 새로워져 그 결과 천명을 얻어 천자가 되었음을 말합니다.

세 가지 사례는 모두 명덕을 밝히고 백성을 새롭게 하려는 노력을 아끼지 않았던 군주들의 이야기입니다. 자신의 명덕을 지선의 경지로 끌어 올리려 하였고, 신민 역시 지선의 경지로 이끌어 올리기 위해 힘썼던 것입니다. 지선의 경지에 이르려는 중단 없는 전진이 책임 있는 지도자의 길임을 강조하고 있습니다. 어쩌면 신민에 대한 끝 구절에 "군자는 그 지극한 경지를 행하지 않음이 없다"는 말로 끝나는 것을 보면 이어지는 지선至善을 염두에 두고 쓴말인 듯합니다. 오늘날 우리는 자신의 변화가 주변을 변화시키는 출발점인지, 그리고 우리 삶에서 나날이 새로워지려는 일일신日日新의 노력은 어떠해야 하는지에 대해 성찰해 볼 필요가 있습니다.

사람다움의 자리

傳

大

學

바람직하고 훌륭한 삶을 좋은 것the good이라 할 때, 그 좋음이 무엇인가라고 규정하기는 쉽지 않습니다. 선善의 본질을 묻는 질문이기에 그러할 것입니다. 유학에서의 선함이란 단순히 도덕적으로 착하다는 뜻보다는 본래의 자연스런 모습을 잘 유지한다는 의미가 강합니다. 예를 들어 『주역』에서는 끊임없이 낳고 낳는生生 자연계에 내포된 음양의 변화를 잘 드러내는 것을 선이라 말하기도 합니다. 문제는 그 자연스러움이 어떠한 것이냐는 것이지요.

　『대학』에서 제시된 최종 목적지는 지극히 선한 경지인 '지선至善'에 도달하는 것이고, 다양한 방식으로 그 방법을 설명하고 있습니다. 이 장에서는 별다른 설명없이 5구절 모두 『시경』에서 제시된 지선의 의미를 인용하고 있습니다. 먼저 인간이 처해야 될 자리를 찾으려는 내용입니다.

(1) 『시경』에 "왕이 다스리는 땅인 천리여, 백성들이 머물러 살 곳이다." 라고 하였다.

詩云 邦畿千里여 惟民所止리.
시 운 방 기 천 리　유 민 소 지

※ **시(詩)**: 『시경』「상송」의 현조(玄鳥)편. **방기(邦畿)**: 왕이 직접 다스리는 땅. **지(止)**: 거주하다.

방기邦畿는 왕이 거주하며 다스리는 땅으로 왕기王畿라고도 합니다. 오늘날도 서울과 그 주변 지역인 수도권을 경기도京畿道라 하듯이 서울과 그 주변부는 정치·경제·문화 등 많은 부분이 집중되어 있습니다. 시는 예禮와 악樂의 문물이 집중된 경기를 중심으로 사방의 사람들이 에워싸듯 모여들고 뻗쳐가는 상황을 묘사하고 있는데, 원래 『시경』에서 소개된 시는 종묘에서 상나라의 개국과 관련된 내용으로 다음과 같이 소개되어 있습니다.

하늘이 제비에게 명령하시어

내려가서 상나라 시조를 낳아

드넓은 은나라 땅에서 거주하도록 하였도다.

옛적에 상제가 씩씩한 탕임금에게 명령하시어

저 사방의 땅을 다스리도록 하였다네.

(중략)

나라의 경기 지방 천리여

백성들이 거주하는 바인데

봉해 준 땅은 저 사해까지 뻗어있도다.

사해의 제후들이 와서 이르니

이르는 사람들이 많고도 많도다

경산을 둘러싼 황하에

은나라가 천명을 받음이 마땅하므로

이에 온갖 복을 받도다.[1]

왕을 중심으로 하는 경기지역에 사는 백성들을 기점으로 사해로 뻗어나가는 왕조의 터전을 열었음을 찬탄하고 있습니다. 대학에서는 그 중 한 대목을 뽑아 사람을 포함한 만물은 제각기 머물러야 될 곳이 있고, 백성들이 중심지에 모여 살아가는 모습을 당연하다고 보았습니다. 마치 어떤 일에 있어 지선의 진리가 있는 곳이라면 마땅히 그곳으로 모여들어야 함을 비유하는 것입니다. 우리가 지선에 머물고자 하는 노력도 이와 마찬가지라는 것이지요.

(2) 『시경』에서 "꾀꿀~ 꾀굴~ 울어대는 쩌 꾀꼬리, 산언덕의 울창한 숲 속에 머물러 있도다." 라고 하였다. 이에 대해 공자는 "쩌 새도 자기가 머물러야 할 곳에 머물 줄 아는데, 사람으로서 새보다 못해서야 되겠는가!" 라고 하였다.

詩云 緡蠻黃鳥여 止于丘隅라하여늘
시 운 면 만 황 조   지 우 구 우

子曰 於止에 知其所止로소니 可以人而不如鳥乎아
자 왈 어 지   지 기 소 지   가 이 인 이 불 여 조 호

※ **시(詩)**:『시경(詩經)』「소아(小雅)」의 면만(緡蠻)편. **면만(緡蠻)**: 새가 지저귀는 소리. 오늘날 緡의 음은 '민'이지만 언해에서는 '면'으로 읽음. **구우(丘隅)**: 초목이 우거진 산마루의 울창한 숲.

황조黃鳥, 즉 꾀꼬리를 빗대어 자신의 속내를 드러낸 시인의 이야

---

1. 『시경』「상송」의 현조(玄鳥)편.

기가 소개되고 있습니다. 사람의 손이 닿지 않는 울창한 산마루 숲 속에 새들은 모여 살고 있습니다. 높은 언덕丘의 모퉁이隅가 편안하고 안전하다는 것을 새들은 직감적으로 아는 모양입니다. 바로 이어 공자는 『시경』에 소개된 내용을 풀이하고 있습니다. 새들도 저렇듯 자연의 이치를 알고 순응하며 살아가는데, 사람으로서 마땅히 머물러야 될 곳을 모른다면 어찌 사람이라 할 수 있느냐는 것이지요.[2]

왕의 도읍 주변에 백성들이 모여 사는 것을 노래한 앞의 시와, 새들이 울창한 숲에 머무르는 모습을 말한 위의 시는 모두 사람이나 새들이 가장 좋은 환경에 머물러 살고 있음을 보여줍니다. 3강령 중의 하나인 지선至善을 추구하는 모습을 달리 표현한 것이지요. 그렇다면 사람으로서 사람답게 살아가는 이상적 모습이란 어떤 것일까요? 이어지는 시에서는 도덕적 가치를 가장 우선하였음을 알 수 있습니다. 특히 문왕과 관련된 시는 인륜도덕에 대해 의미있는 주장을 담고 있습니다.

『시경』에서 "깊고도 그윽한 덕성을 지니신 문왕이여, 아! (자신의 명덕을) 계속해서 환하게 밝히시고 경건하게 지키셨도다!"라고 하였다. 군주가 되어서는 어진 마음을 유지하셨고, 신하가 되어서는 경敬의 자세

2. 그러나 공자의 해석과는 달리, 『시경』에 인용된 시인의 의도는 자신이 처한 상황이 힘들고 고달프기에 이제는 자신을 먹여주고 길러줄 그 누군가에 의지하고 싶은 마음을 드러낸 것으로도 풀이할 수 있습니다. 전체의 대략적인 풀이는 다음과 같습니다. "꾀꼴 꾀꼴 꾀꼬리 언덕 모퉁이에 멈추었네. 어찌 감히 나가기 꺼리겠는가, 빨리 가지 못할까 두렵도다. 마시게 하고 먹여 주며, 가르쳐 주고 깨우쳐 주며, 저 뒤 수레에 명령하여 나를 실어라고 말이나 건네 볼까."

를 유지하셨고, 자식이 되어서는 효를 다하셨고, 부모가 되어서는 자애로운 마음을 지니셨고, 나라 사람들과 사귈 때에는 신의를 유지하셨다.

詩云 穆穆文王이여 於緝熙敬止라하니
시 운 목 목 문 왕   오 집 희 경 지

爲人君엔 止於仁하시고 爲人臣엔 止於敬하시고
위 인 군   지 어 인   위 인 신   지 어 경

爲人子엔 止於孝하시고 爲人父엔 止於慈하시고
위 인 자   지 어 효   위 인 부   지 어 자

與國人交엔 止於信이러시다
여 국 인 교   지 어 신

※ **시**(詩):『시경』 문왕편. **목목**(穆穆): 화목하게 지냄을 뜻하는 목(穆) 자를 목목(穆穆)으로 겹쳐 사용하여 깊고 그윽한 인격을 표현함. **문왕**: 주나라를 세운 임금. **오**(於): 문장의 앞에서 감탄사로 쓰일 경우에는 '오'로 읽음. **집**(緝): 계속하다. **희**(熙): 밝다. **자**(慈): 사랑하다. **여**(與): ~함께. **교**(交): 교류하다.

이 시에서는 문왕의 덕성을 찬미하고 그가 지닌 지선의 마음자세를 몇 가지 경우를 통해 제시하고 있습니다. 문왕은 주나라를 세운 왕으로 유학에서 특별히 존숭하는 인물입니다. 권력의 힘이 아닌 도덕에 기반을 둔 통치를 했다는 이유에서입니다. 『시경』에서 문왕에 대한 찬탄은 몇 가지 한자어에 압축적으로 표현되어 있습니다.

화목하다는 목穆이 성왕의 덕을 칭송할 때는 깊이를 알 수 없을 정도로 그윽한 인품의 소유자로 묘사되고 있습니다. 어조사 어於가 감탄사로 쓰일 경우에는 '오!'로 읽는데 진심에서 우러나오는 찬탄의 표시입니다. 또한 천명을 계속 이어간다는 집緝, 빛나고 밝다는 희熙, 경건하다는 경敬, 그러한 경지에서 자연스럽고 편안함을 유지한다는 지止의 의미를 통해 문왕의 덕성을 압축적으로 표현하고 있습니다.

그가 천명을 이어받아 지속적으로 밝혀냈고, 어느 일이나 경건히 하면서 머무른 자리마다 편안하게 대처해서 주나라의 건국을 이끌어냈음을 보여줍니다. 『시경』의 원래 내용은 다음과 같습니다.

> 깊고 그윽하신 문왕이시여
> 아! 덕을 계속해서 밝히시고
> 경건하게 지키셨도다!
> 천명이 상나라 자손들에게 있었고
> 상나라 자손들의 수가 셀 수 없었건만
> 상제가 이미 명령하신지라
> 주나라에 복종하였도다.[3]

여기서는 문왕이 어떤 인물이었는지가 중요한 것이 아니라 그의 지향점에 관심을 둘 필요가 있습니다. 그는 임금으로서 항상 백성을 애호하는 인애하는 마음을 다하였고, 신하로서 있을 때는 항상 공경하는 경지를 유지하였습니다. 자식으로서는 부모에게 효도하는 효성스런 마음을 유지하였고, 부모의 입장이 되어서는 항상 자녀를 사랑하는 자애로움을 잃지 않았습니다. 또한 주변 나라와 교류함에 있어서는 신의를 다하고자 노력하였습니다.

여기서 인애仁, 공경敬, 효도孝, 자애慈, 신의信 등은 유학에서 제시

---

3. 『시경』 문왕편 참조.

하는 인간다움의 덕목들입니다. 그러나 다양한 삶에서 이 다섯 가지 덕목으로만 인간관계를 고정시켜 볼 수는 없을 것입니다. 어진 마음이 군주만의 덕성일 수는 없고, 경건한 자세는 모든 일을 대하는 기본이라 할 수 있기 때문입니다. 다만 문왕이 보여준 이러한 다섯 가지 덕목을 기본으로 하여 인간관계를 확대시켜 나가야 됨을 암시할 뿐입니다.

예를 들어 전통적으로 인간관계의 기본 틀로서 다섯 가지 윤리질서인 오륜五倫을 중시합니다.

천지 사이에 있는 만물의 무리 가운데에서 오직 사람이 가장 존귀하다. 사람을 존귀하게 여기는 것은 오륜五倫이 있기 때문이다.[4]

오륜이란 부모와 자녀 사이의 친밀함父子有親, 임금과 신하 사이의 의로움君臣有義, 부부사이의 분별夫婦有別, 연장자와 어린 사람 사이의 순서長幼有序, 친구들 사이의 신뢰朋友有信를 말합니다. 그 속에 인간관계의 기본틀인 가정윤리와 사회윤리의 질서가 모두 내포되어 있습니다. 문왕을 찬미하는 위의 시에는 부부와 장유 등의 관계는 빠져있지만, 상대에 대한 공경스런 마음은 이 모두를 포괄하고 있다고 보아야 합니다. 전통적 윤리규범의 시대적 한계를 인식하더라도 인간관계의 틀거리는 크게 달라지지 않을 것입니다. 원만한 관계형성을 위

---

4. 『동몽선습』 서문. "天地之間, 萬物之衆, 惟人最貴, 所貴乎人者, 以其有五倫也"

한 규범의 재인식은 여전히 우리 시대의 몫으로 남아있습니다.

지선의 경지를 추구하는 『시경』의 내용은 이 밖에도 두 가지 더 있습니다. 낯선 한자가 많이 나와 어려운 부분이기도 합니다.

(4) 『시경』에서 "저 기수의 굽이치는 모퉁이를 바라보니, 푸른 대나무 아름답고 무성하도다. 찬란하게 빛나신 군자여! 잘라놓은 듯하고 다듬은 듯하며, 쪼아놓고 간 듯하구나. 장엄하고 굳세시며 찬란하게 빛나는구나. 문채나신 군자여! 끝내 잊을 길이 없도다!"라고 말하였다.

여기서 '뼈를 끊은 듯하며 다듬은 듯하다'는 것은 그의 학문을 말하고, '옥을 쫀 듯하며 가는 듯하다'는 것은 스스로 수양하는 모습이다. '엄숙하고 굳세다'는 것은 혹시 실수가 있을까 경계하고 두려워하는 모습이다. '환하고 빛난다'는 것은 그를 보는 사람들이 경외감을 갖는 모습이다. 그리고 '문채나는 군자를 끝내 잊을 길이 없다'는 것은 그가 지닌 성대한 덕과 지극한 선을 백성들이 잊을 수 없다는 것을 말한다.

詩云 瞻彼淇澳한대 菉竹猗猗로다.
시 운 첨 피 기 욱   녹 죽 의 의

有斐君子여 如切如磋하며 如琢如磨라 瑟兮僩兮며
유비군자 여절여차 여탁여마 슬혜한혜

赫兮喧兮니 有斐君子여 終不可諼兮라하니
혁혜훤혜 유비군자 종불가훤혜

如切如磋者는 道學也오 如琢如磨者는 自修也오
여절여차자 도학야 여탁여마자 자수야

瑟兮僩兮者는 恂慄也오 赫兮喧兮者는 威儀也오
슬혜한혜자 순율야 혁혜훤혜자 위의야

有斐君子終不可諼兮者는 道盛德至善을 民之不能忘也니라
유비군자종불가훤혜자 도성덕지선 민지불능망야

※ **첨(瞻)**: 보다. **기(淇)**: 물이름. **욱(澳)**: 물이 굽이치는 모퉁이. **녹(菉)**: 푸를 록(綠) 자와 같은 글자. **의(猗)**: 아름답다. **비(斐)**: 문채나다. **차(磋)**: 갈다. **탁(琢)**: 쪼다. 다듬다. **마(磨)**: 숫돌에 갈다. **슬(瑟)**: 엄숙하다. **혜(兮)**: 어조사. **한(僩)**: 굳세다. **훤(喧)**: 점잖다. 언해에서는 '훤'으로 읽음. **훤(諼)**: 잊다. 언해에서는 '훤'으로 읽음. **도(道)**: 말하다. **준(恂)**: 두렵다. **률(慄)**: 두렵다.

위의 시는 무성하게 자란 대나무 숲을 보면서 그와 대비된 군자의 모습을 흥기시킨 것입니다. 후반부는 이 시에 대한 해석이라 할 수 있습니다. 먼저 원래부터 타고난 품성도 좋지만 정밀하게 자신을 다듬어 가는 군자의 모습이 우리에게 비교적 익숙한 구절인 절차탁마切磋琢磨로 소개되고 있습니다. 절차탁마란 뼈를 크게 자른 다음에 줄로 갈고切磋, 옥돌을 쪼은 다음에 모래로 문지르듯이琢磨 끝없이 정진하는 모습입니다. 군자가 스스로를 갈고 다듬는 수양의 노력을 비유하는 것이지요.

또한 장중하면서도 위엄스런 자세와 더불어 찬란하고 성대하게 빛나는 군자의 외적 모습을 통해 지선至善에 다가서려는 열망감을 토로합니다. 이것은 그냥 이루어지는 것이 아닙니다. 강습하고 토론하는 배움의 과정과, 자신을 살피고 다스리는 엄밀한 수양의 노력에 따른 결과입니다. 혹시라도 실수가 있을까 두려운 모습을 지니면서도 당당하게 생활하므로 그를 지켜보는 백성들의 찬사가 쏟아집니다. 끊임없이 수양하는 그러한 군자의 모습을 백성들은 끝내 잊을수 없다는 것이지요. 이 모두가 지선을 향한 절차탁마의 노력을 표현한 것입니다.

다섯 번째 시 역시 지선의 덕에 이르는 실상과 그 감회를 다음과 같이 표현하고 있습니다.

> (5) 『시경』에서 "아아! 앞 시대의 훌륭한 왕들을 잊을 수 없도다!" 하였으니, 후대 현명한 왕인 군자는 이전의 왕들이 어질게 여긴 사람을 어질게 대하고, 그들이 친하게 대했던 이들을 친하게 대우하였다 후대 백성들인 소인은 그가 즐겁게 해준 것을 즐겁게 여기고 그가 이롭게 해준 혜택을 이롭게 여긴다. 이 때문에 그는 떠났어도 평생토록 잊지 못하는 것이다.
>
> 詩云 於戲라 前王不忘!이라하니.
> 시 운 오 호 전 왕 불 망
>
> 君子는 賢其賢而親其親하고
> 군 자 현 기 현 이 친 기 친
>
> 小人은 樂其樂而利其利하나니 此以沒世不忘也니라
> 소 인 낙 기 락 이 이 기 리 차 이 몰 세 불 망 야

※ **시(詩)**: 『시경』 주송의 열문(烈文)편. **오호(於戲)**: 감탄사. **전왕(前王)**: 이전 시대의 왕으로 문왕과 무왕을 가리킨다고 봄. **군자(君子)**: 후대의 현인과 임금. **소인(小人)**: 후세의 백성. **몰(沒)**: 죽다.

선대의 훌륭한 업적과 노고는 그들을 기억하는 이들에게 쉽게 잊혀지지 않습니다. 선왕들이 백성들을 새롭게 해주려고 끊임없이 노

력했던 신민新民의 자세를 생각할 때 더욱 그렇습니다. 주자는 문왕이나 무왕과 같은 인물이 바로 그분들이라 보았습니다. 꼭 누구라 단정하지 않더라도 후대에 훌륭한 혜택을 끼친 이들에 대한 존경의 마음은 이어질 것입니다. 이러한 정신을 이어받은 후대의 왕들은 그들이 존경하고 가까이 하려 했던 인물들을 마찬가지로 존경하고, 백성들도 그들이 베풀어준 안락과 복리를 잊지 않고 기억합니다. 그분들이 각자의 자리에서 자신이 원하는 삶을 살아갈 수 있게 만들어주었다는 감사의 마음 때문입니다. 이것이 바로 그분들이 세상을 떠난 뒤로도 영원히 잊을 수 없는 이유입니다.

이상 전傳 3장에서는 지선至善에 대한 5편의 시가 소개되면서 지선에 머문다는 의미를 다양한 측면에서 보여주고 있습니다. 첫 번째와 두 번째 시에서는 만물이 제각기 머물러야 할 곳이 있듯이, 사람도 마땅히 머물러야 할 지선의 경지가 있음을 알아야 한다는 앎의 측면에서 지선을 말했습니다. 세 번째 시에서는 성인이 머문 곳은 어느 것이나 지선의 경지가 아님이 없다는 점을 인애仁, 공경敬, 효도孝, 자애慈, 신의信 등의 덕목을 들어 제시합니다. 네 번째 시에서는 학문과 수양의 노력을 통해 지선의 경지에 이르는 명덕을 밝히려는 노력이 소개되고 있고, 다섯 번째 시는 모든 이들의 안정된 삶을 위해 노력하신 선왕의 노고를 영원히 잊지 않고 기억한다는 것을 말하고 있습니다. 결국 명명덕과 신민이 우리가 지향해야 될 가치임을 깨닫고 지선을 향한 끊임없는 노력이 필요함을 강조하고 있는 것입니다.

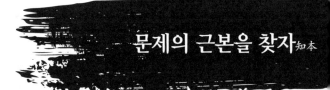

전 4장

문제의 근본을 찾자 知本

『대학』 경문 1장에 "만물에는 근본과 말단이 있고 일에는 끝과 처음이 있으니, 먼저하고 나중에 할 바를 안다면 진리에 가까울 것이다"라는 말로 끝맺고 있습니다. 여기서는 그러한 문맥을 이어 본말과 선후의 중요성을 법의 소송과정으로 예시하고 있습니다.

공자께서 말씀하셨다. "소송을 듣는 것은 내가 남들과 같겠지만, 반드시 그들로 하여금 소송 자체를 없게 할 것이다!" 진실하지 않는 자가 터무니없이 멋대로 말을 다하지 못하도록 하는 것은 평소에 성인이 백성의 마음을 크게 두렵게 했기 때문이니, 이것을 '근본을 안다知本'고 말하는 것이다.

子曰 聽訟이 吾猶人也나 必也使無訟乎인저" 하시니
자 왈 청 송   오 유 인 야   필 야 사 무 송 호
無情者 不得盡其辭는 大畏民志니 此謂知本이니라
무 정 자 부 득 진 기 사   대 외 민 지   차 위 지 본

※ 청(聽): 듣다. 들어 판단하다. 송(訟): 소송. 유(猶): 같다. 정(情): 진실, 사실. 외(畏): 두려워하다

소송을 듣고 판결을 내리는 것은 공자 역시 인간인지라 남들과 별다른 점이 없었습니다. 그렇지만 공자에게 남다른 점이 있었는데,

"반드시 사전에 백성들이 소송 자체를 벌리지 않도록 만든다."는 것입니다. 성인이라고 소송을 잘 판결해서 소송이 일어나지 않는 것이 아니라, 성인의 성실하고 올바른 마음에 백성들이 저절로 감화되어 나타나는 효과로 볼 수 있습니다. 진실성이 없는 사람이 감히 멋대로 터무니없는 거짓말을 꾸며대지 못하게 될 상황을 미리 만든다면, 자연스럽게 소송 자체가 없어지게 될 것이라는 기대감이 반영된 것입니다.

근본과 말단을 아는 것은 어떤 일을 실천함에 있어 중요합니다. 명덕과 신민의 관계에서 그 근본으로서 명덕에 더 치중하듯이 말입니다. 이미 나의 명덕이 밝혀지면 자연스럽게 백성의 마음을 두렵게 하여 감복시키므로 송사는 판결할 필요도 없이 저절로 없어진다는 것입니다. 이것이 바로 백성을 새롭게 하는 길입니다. 그러나 여기에는 조건이 있습니다. 평소에 윗자리에 있는 사람이 백성의 마음을 두렵게 할 만한 인격과 안목을 갖추고 있어야 할 것입니다.

예를 들어, 성成 땅이라는 고을에 그의 형이 죽었는데도 상이 났을 때 입는 상복을 입지 않았던 사람이 있었습니다. 예의 기본도 지키지 않는 무례한 행동이었지요. 마침 자고自皐라는 사람이 그 고을 군수로 온다는 말을 듣자마자 그는 곧바로 죽은 형을 위한 상복을 입었습니다. 자고는 그 고을에서 재판을 진행한 적이 없었는데, 왜 그 사람은 그러한 행동을 하게 되었을까요? 이는 평소 자고의 인품과 행실이 잘못을 용납하지 않을 정도로 엄정했기 때문입니다. 송사를 판결하는 것은 말단에 해당되고, 송사 자체를 벌이지 않도록 하는 것은 그 근본을 다스리는 일이 된다는 사례입니다. 따라서 『대학』에서는 자신의 명덕을 밝히는 일이 신민에 앞서는 근본이 된다고 말했던 것입니다.

주자의 『대학장구』 구성

참고로 주희의 『대학장구』는 옛날의 「고본대학」 구도를 3강령과 8조목의 체재에 따라 다시 재구성한 것입니다. 근본을 안다는 지본知本과 앎이 극치에 이르렀다는 지지지야知之至也는 경문의 마지막에 쓰인 글귀입니다. 「고본대학」의 흐름은 다음과 같습니다.

[경문] 大學之道 在明明德 在親民 在止於至善 知止而后有定 定而后能靜 靜而后能安 安而后能慮 慮而后能得 物有本末 事有終始 知所先後 則近道矣 古之欲明明德於天下者 先治其國 欲治其國者 先齊其家 欲齊其家者 先修其身 欲修其身者 先正其心 欲正其心者 先誠其意 欲誠其意者 先致其知 致知在格物 物格而后知至 知至而后意誠 意誠而后心正 心正而后身修 身修而后家齊 家齊而后國治 國治而后天下平 自天子以至於庶人 壹是皆以修身爲本 其本亂而末治者否矣 其所厚者薄 而其所薄者厚 未之有也

[전 4장] 此謂知本

[전 5장] 此謂知之至也

[전 6장] 所謂誠其意者 毋自欺也 如惡惡臭 如好好色 此之謂自謙 故君子必愼其獨也 小人閒居 爲不善 無所不至 見君子而后 厭然揜 其不善 而著其善 人之視己 如見其肺肝 然則何益矣 此謂 誠於中 形於外 故君子必愼其獨也 曾子曰 十目所視 十手所指 其嚴乎 富潤屋 德潤身 心廣體胖 故君子必誠其意

[전 3장: '지어지선' 해석] 詩云 瞻彼淇澳 菉竹猗猗 有斐君子 如切如磋如琢如磨 瑟兮僩兮 赫兮喧兮 有斐君子 終不可諠兮 如切如磋者 道學也 如琢如磨者 自修也 瑟兮僩兮者 恂慄也 赫兮喧兮者 威儀也 有斐君子 終不可諠兮者 道盛德至善 民之不能忘也

詩云 於戲前王不忘 君子賢其賢而親其親 小人樂其樂而利其利 此以沒世不忘也

[전 3장: '명덕' 해석] 康誥曰 克明德 太甲曰 顧諟天之明命 帝典曰克明峻德 皆自明也

[전 3장: '신민' 해석] 湯之盤銘曰 苟日新 日日新 又日新 康誥曰 作新民 詩曰 周雖舊邦 其命維新 是故君子無所不用其極 詩云 邦畿千里惟民所止 詩云 緡蠻黃鳥 止于丘隅 子曰 於止知其所止 可以人而不如鳥乎 詩云 穆穆文王 於緝熙敬止 爲人君止於仁 爲人臣止於敬 爲人子止於孝 爲人父止於慈 與國人交止於信

[전 4장] 子曰 聽訟吾猶人也 必也使無訟乎 無情者不得盡其辭 大畏民志 此謂知本

所謂修身在正其心者 身有所忿懥 則不得其正 有所恐懼 則不得其正 有所好樂 則不得其正 有所憂患 則不得其正 心不在焉 視而不見 聽而不聞 食而不知其味 此謂修身在正其心

이하의 내용은 동일합니다. 다시 주자의 『대학장구』와 비교해보면 다음과 같습니다.

大學之道 在明明德 在親民 在止於至善 知止而后有定 定而后能

靜. 靜而后能安. 安而后能慮. 慮而后能得. 物有本末. 事有終始. 知所
先後. 則近道矣. 古之欲明明德於天下者. 先治其國; 欲治其國者. 先
齊其家; 欲齊其家者. 先脩其身; 欲脩其身者. 先正其心; 欲正其心者.
先誠其意; 欲誠其意者. 先致其知; 致知在格物. 物格而后知至. 知至
而后意誠. 意誠而后心正. 心正而后身脩. 身脩而后家齊. 家齊而后國
治. 國治而后天下平. 自天子以至於庶人. 壹是皆以脩身爲本. 其本亂
而末治者否矣. 其所厚者薄. 而其所薄者厚. 未之有也.

1. 康誥曰: 「克明德」大甲曰: 「顧諟 天之明命」帝典曰: 「克明峻德」
皆自明也.

2. 湯之盤銘曰: 「苟日新. 日日新. 又日新」康誥曰: 「作新民」詩曰:
「周雖舊邦. 其命惟新」是故君子無所不用其極.

3. 詩云: 「邦畿千里. 惟民所止」詩云: 「緡蠻黃鳥. 止于丘隅」子曰:
「於止. 知其所止. 可以人而不如鳥乎!」詩云: 「穆穆文王. 於緝熙敬
止!」爲人君. 止於仁; 爲人臣. 止於敬; 爲人子. 止於孝; 爲人父. 止於
慈; 與國人交. 止於信. 詩云: 「瞻彼淇澳. 菉竹猗猗. 有斐君子. 如切如
磋. 如琢如磨. 瑟兮僩 兮. 赫兮喧兮. 有斐君子. 終不可諼 兮!」如切如
磋者. 道學也; 如琢如磨者. 自脩也; 瑟兮僩 兮者. 恂慄也; 赫兮喧兮者.
威儀也; 有斐君子. 終不可諼 兮者. 道盛德至善. 民之不能忘也. 詩云:
「於戲前王不忘!」君子賢其賢而親其親. 小人樂其樂而利其利. 此以沒
世不忘也.

4. 子曰:「聽訟, 吾猶人也, 必也使無訟乎!」無情者不得盡其辭. 大畏
民志. 此謂知本.

5. 此謂知之至也. ※ 보망장(補亡章): '格物致知'

6. 所謂誠其意者: 毋自欺也, 如惡惡臭, 如好好色, 此之謂自謙. 故君
子必愼其獨也!

(이하 생략)

주자의 체계적이고 치밀한 구성이 돋보입니다. 그러나 주자를 더욱 주
자답게 했던 부분은 이어지는 격물치지에 대한 그의 해석입니다.

전 5장

격물치지 格物致知

大學

『대학장구』에서 주자의 존재의미가 가장 잘 드러난 부분은 바로 '격물치지'에 대한 해석입니다. 원래의 「대학」 원문 가운데 8조목의 출발점에 해당하는 격물치지와 관련된 부분을 찾는다면 "근본을 안다知本" 혹은 "앎이 지극해졌다知之至'라는 짧은 구절만이 남아 있을 뿐입니다. 그것도 맥락없이 이곳저곳 산만하게 흩어져 있습니다. 나아가 근본이 무엇이고, 참된 앎이란 무엇이며 어떻게 그러한 앎을 획득되어야 하는지에 대한 구체적인 설명이 없습니다.

성리학적 시각에서 격물치지에 대한 주자의 해석은 없어진 내용을 구체적으로 보완했다는 뜻에서 '보망장補亡章'이라 일컫기도 합니다. 그는 우리 자신의 앎을 제대로 이해하기 위해서는 적극적으로 나와 관계된 주변 모두에 내재된 이치理를 터득해야 한다는 취지에서 조심스럽게 말문을 꺼냅니다. 그것도 다음과 같이 스승의 뜻을 보충할 뿐이라고 한발 물러서는 신중함을 보입니다.

요즘 청이천 선생님의 뜻을 조심스럽게 취하여 (격물치지의 의미를) 보충해 보았다.

間嘗竊取程子之意하여 以補之曰
간 상 절 취 정 자 지 의　　　이 보 지 왈

※ **간**(間): 요즘. **절**(竊): 조심스럽게. **보**(補): 보충하다.

그러나 이어지는 주자의 격물치지에 대한 풀이는 성리학계의 혁신을 불러올 내용을 담고 있습니다. 나와 관계된 주변 모두가 이치로 관통되어 있고, 이 점을 인지하고 소통할 힘이 바로 내 안에 있다고 선언하기 때문입니다. 주자의 격물치지를 이해하는 너무도 중요한 문장이므로 세 단락으로 구분하여 자세히 살펴보도록 하겠습니다.

첫 번째 문장은 1장의 경문에 나오는 격물치지에 대한 개략적인 풀이인데, 우리가 흔히 듣는 격물치지格物致知의 원문은 이렇게 시작합니다.

'이른바 앎을 지극히 함이 만물에 대한 이치를 탐구하는 데 있다'는 말은 나의 앎을 지극하게 하고자 한다면, 만물에 나아가 그 이치를 철저히 탐구하는 데 달려있음을 말한 것이다.

所謂致知在格物者는 言欲致吾之知인댄
소 위 치 지 재 격 물 자　　언 욕 치 오 지 지

在卽物而窮其理也라
재 즉 물 이 궁 기 리 야

※ **즉**(卽): 나아가다. **궁**(窮): 다하다. 철저히 탐구하다.

주자는 먼저 경문에서 제시한 8조목의 마지막 부분인 '앎을 다하는 것은 만물의 이치를 탐구하는 데 있다'는 '치지재격물致知在格物'을 자신의 관점에서 재해석합니다. 지적이든 정서적이든 우리의 욕구를 만족시키려면 어떻게 해야 할까요? 너무도 당연하겠지만 주자는 일상에서 자신과 마주하고 있는 대상이나 사태에서 그 해결 방안을 찾으라고 말합니다.

'즉물卽物'에서 즉卽은 마치 화가 지망생이 어떤 대상을 스케치하듯 자신과 관계된 바로 지금의 순간을 놓치지 않고 그 의미를 부여하는 것입니다. 아무런 선입견 없이 차분하게 마음을 비우고 진실하게 만나려 노력할 때 그 대상은 나에게 참된 모습으로 다가섭니다. 그러한 마음에서 만나는 대상이나 사태에 대한 인식은 그 이전과 분명히 달라질 것입니다. 현란한 붓 솜씨로 겉만 그리는 것은 그다지 의미가 없습니다. 천리마처럼 좋은 말을 고르는 사람은 그 말이 살쪄 있느냐 그렇지 않느냐를 염두에 두지 않는다고 합니다. 타고난 뼈대와 보이지 않는 근력을 파악하는 감식력이 필요하다는 것이지요.

나의 앎을 다하고자 하는 '치지致知'의 지知 역시 나의 지식을 끝까지 밝혀가면서 어느 것인들 알지 못함이 없도록 하고자 하는 것입니다. 일종의 지식의 대통합이랄까요. 우리와 관계된 모든 것을 알고자 하는 앎에 대한 욕구가 포함되어 있습니다. 내가 접하는 물物이 바로 그러한 탐구대상입니다. 여기서 주의할 점은 그 대상이 어떤 고정된 것으로 한정되지 않는다는 점입니다. 지금 보고 있는 책을 포함하여, 만나려는 사람, 자신이 현재 직면한 상황 등이 모두 그 범주에 속합니다. 어찌 그뿐이겠습니까? 여기에는 과거 역사적으로 평가를 달리했던 인물들까지도 포함됩니다. 진정한 의미의 격물에 이르렀을 때 모든 것들은 내 삶과 마주하는 생생한 현실로 다가서며, 모두가 나와 관계된 대상들이 되는 것입니다. 그리고 우리가 진정으로 마주 대하고 싶은 궁극적인 것은 그것들의 참모습, 즉 불변하는 이치理입니다.

'리理'라는 글자는 구슬 옥玉에 마을 리里를 붙여 만들었습니다. 리里는 단지 한자의 음만을 나타낼 뿐, 의미는 모두 구슬이라는 옥에 있습니다. 옥은 옥돌에 나타나는 자연스런 무늬나 주름을 가리킵니다. 그렇게 사물에 내재된 자연스러운 현상을 뜻하는 리는 송대 성리학자들에 의해 특별한 주목을 받게 됩니다. 기존에 일반적으로 우주자연의 질서나 가치의 근원을 뜻하던 천天, 도道, 의義 등의 개념을 제치고 새롭게 자리매김하게 된 것입니다. 사물에 내재하는 근거나 필연적인 법칙 차원을 넘어서, '하늘이 곧 이치'라거나 '하늘과 사람의 이치'라는 범우주적 질서관념으로의 전환이었다고 할 것입니다. 이는 점차 이치에 맞거나 그에 따르려는, 즉 주관적 판단을 넘어서 객관적이고 보편적인 법칙의 의미로 확대됩니다. 따라서 주자에게 있어 격물치지란 우리의 인식을 넓히기 위해 직면하는 대상이나 사태에 나아가 그 안에 담긴 이치를 탐구하는, 즉 '즉물궁리卽物窮理'라 할 것입니다.

두 번째 문장은 우리가 격물에 도달하지 못하는 이유와 공부 방법에 대한 설명입니다.

> 대체로 사람의 마음은 신령스러워 누구나 앎을 지니지 않음이 없고, 천하 만물은 이치를 가지고 있지 않음이 없다. 그러나 오직 이치에 대

해 철저히 탐구하지 못하기 때문에 그 앎이 다 밝아지지 않음이 있는 것이다. 이 때문에 태학에서 처음 가르칠 때 반드시 배우는 사람에게 모든 천하의 모든 것에 나아가 자신이 이미 알고 있는 이치를 근거로 삼아 그것을 더욱 탐구하여 그 극치에 이르기를 구하지 않음이 없도록 하려는 것이다.

蓋人心之靈이 莫不有知오 而天下之物이 莫不有理언마는
개 인 심 지 령   막 불 유 지   이 천 하 지 물   막 불 유 리

惟於理에 有未窮이라 故其知가 有不盡也니
유 어 리   유 미 궁   고 기 지   유 불 진 야

是以로 大學始教에 必使學者로 即凡天下之物하여
시 이   대 학 시 교   필 사 학 자   즉 범 천 하 지 물

莫不因其已知之理而益窮之하여 以求至乎其極하나니
막 불 인 기 이 지 지 리 이 익 궁 지   이 구 지 호 기 극

※ 영(靈): 신령스럽다. 이(已): 이미. 극(極): 극치.

우리 인간이 애초에 신령스런 마음을 지니고 태어났듯이 천하 만물도 저마다 이치가 있어 소통이 가능하다는 것입니다. 내 마음으로 세상의 이치와 만나겠다는 의미의 소통疏通입니다. 주자에게 있어 교육이란 자신이 이미 지니고 있는 인지적이고 도덕적인 능력을 계발하여 최고의 경지까지 도달해나가는 것입니다. 물론 인격적 성숙의 과정에 초점을 맞춘 것입니다. 그렇다면 철저한 탐구의 결과는 어떻게 될까요? 세 번째 단락이 바로 그 노력의 결과로 세상과 소통하는 모습을 그려내고 있습니다.

(격물에) 힘을 쓴 지 오래되어 하루아침에 시원스럽게 꿰뚫어 통하면 모든 사물의 겉과 속, 정밀하고 거친 것이 이르지 않음이 없고, 내 마

음의 온전한 본체와 커다란 작용이 밝아지지 않음이 없게 될 것이다. 이것을 '사물에 대한 이치가 이른다物格'라고 하며, 또한 '앎이 지극해졌다知之至'라고 말하는 것이다.

至於用力之久 而一旦에 豁然貫通焉이면
지 어 용 력 지 구 이 일 단　활 연 관 통 언

則衆物之表裏精粗가 無不到하고
즉 중 물 지 표 리 정 조　무 불 도

而吾心之全體大用이 無不明矣리니
이 오 심 지 전 체 대 용　무 불 명 의

此謂物格이며 此謂知之至也니라
차 위 물 격　　차 위 지 지 지 야

※ **단**(旦): 아침. 예전에는 '조'라는 다른 음으로 읽기도 하였음. **활**(豁): 뚫리다, 통하다. **관통**(貫通): 꿰뚫다. **표리**(表裏): 겉과 속. **정조**(精粗): 정밀하고 조잡함.

하루아침에 모든 것을 꿰뚫는다는 '활연관통豁然貫通'이란 말은 다소 오해의 소지가 있습니다. 어느 순간의 비약이나 신비스러운 체험을 보여주는 것 같기 때문입니다. 그러나 주자는 대상의 이치에 대한 극도의 치밀한 탐구가 결국 그것들을 속속들이 이해할 수 있게 되고, 이를 통해 내 마음의 모든 것이 제대로 밝혀진다고 보았습니다. 내 마음의 온전한 본체와 커다란 작용이라는 표현까지 쓰면서 원문의 누락된 의미를 재해석하는 것입니다.

그러나 유한한 삶을 살아가는 우리가 제한된 시간 내에 이토록 복잡한 세계의 모든 것을 다 이해하려는 노력이 과연 가능할까요? 더 나아가 설령 모두를 관통하는 이치를 터득했다고 하더라도 그것이 우리 모두가 인정할 수 있는 보편적 잣대라고 말할 수 있을까요? 이

것은 주자의 격물치지에 대한 오해에서 비롯된 것입니다. 예를 들어 성적이 우수한 학생은 편차는 있겠지만 국어, 영어는 물론이고 수학, 과학 나아가 사회영역에 이르기까지 웬만한 수준에 도달합니다. 교과목을 넘나드는 어떠한 맥락, 즉 주자식 표현대로라면 그 모두를 관통하는 이치가 있을 것입니다. 모든 것에 대한 구체적 탐구과정이 아니라 자기 분야에서 최선을 다하라는 의미로도 읽혀집니다. 진리는 서로 통하기 때문입니다.

나아가 주자의 격물치지가 대상이나 상황에 대한 객관적인 지식차원의 확대가 아님도 기억할 필요가 있습니다. 선입견을 버리고 나와 마주하는 모든 것으로 이어지는 적극적인 관심은 대상이나 사태에 대한 건강한 만남을 재촉하는 원동력이 되기도 합니다. 모든 것에는 이치가 있고 우리의 뛰어난 마음은 그와 소통할 수 있는 힘을 내재하고 있기 때문입니다. 이처럼 주자는 격물치지를 통해 자기중심적으로 기울지 않으면서도, 동시에 세상과 마주하는 투명하고도 적극적인 자아확립을 강조하고 있습니다. 이제 격물치지에 관한 내용전체를 다시 살펴보면서 정리하도록 하겠습니다.

요즘 정이천 선생님의 뜻을 조심스럽게 취하여 (격물치지의 의미를) 보충해 보았다.

'이른바 앎을 지극히 함이 만물에 대한 이치를 탐구하는데 있다'는 말은 나의 앎을 지극하게 하고자 한다면, 만물에 나아가 그 이치를 철저히 탐구하는 데 달려있음을 말한 것이다.

대체로 사람의 마음은 신령스러워 누구나 앎을 지니지 않음이 없고, 천하 만물은 이치를 가지고 있지 않음이 없다. 그러나 오직 이치에 대해 철저히 탐구하지 못하기 때문에 그 앎이 다 밝아지지 않음이 있는 것이다. 이 때문에 태학에서 처음 가르칠 때 반드시 배우는 사람에게 천하의 모든 것에 나아가 자신이 이미 알고 있는 이치를 근거로 삼아 그것을 더욱 탐구하여 그 극치에 이르기를 구하지 않음이 없도록 하려는 것이다.

(격물에) 힘을 쓰지 오래되어 하루아침에 시원스럽게 꿰뚫어 통하면 모든 사물의 겉과 속, 정밀하고 거친 것이 이르지 않음이 없고, 내 마음의 온전한 본체와 커다란 작용이 밝아지지 않음이 없게 될 것이다. 이것을 '사물에 대한 이치가 이른다物格'라고 하며, 또한 '앎이 지극해졌다知之至'라고 말하는 것이다.

참고로 유학자들의 과학적 지식을 포함한 앎에 대한 이해는 '격물'과 밀접한 관련이 있습니다. 격물은 우리에게 익히 알려진 '수신제가치국평천하'라는 구절들의 앞부분에 나오는데, 이러한 실천적 삶을 위해서는 격물格物, 치지致知, 성의誠意, 정심正心 등이 먼저 있어야 한다고 보았습니다. 『대학』의 8조목으로 일컬어지는 8단계의 과정의 첫 부분이 바로 격물치지입니다. 동아시아 사회와 문화에 큰 영향을 끼쳤던 주자는 격물을 '만물의 이치理를 탐구하는 것'으로 해석하였습니다. 즉 만물의 이치를 깊이 파악하여 철저히 탐구한다면 자신의 앎이 세밀하면서도 거침없이 툭 트여 세계의 참모습을 인식할 수 있다는 것입니다.

격물치지에서 말하는 '물物'이란 서구 물리학에서 말하는 물의 개념과 다릅니다. 사물은 저기 놓여 있는 대상으로서만 그치는 것이 아니라, 나와 만물자연 그리고 그 사물의 합일적 사태를 파악하는 자세를 말합니다. 격물치지를 단순히 사물을 관찰한다는 식으로 해석하여 서구과학의 경험론적 방법론에 직접 비교하는 일이 종종 있으나, 이는 서구중심적인 비유법일 뿐 원래 뜻과는 다릅니다. 자기성찰의 첫 단추로서 대상을 만나는 깊은 탐구의 과정이라 표현해도 좋을 것입니다.

또한 성리학의 토대를 제공한 주자에게 있어 모든 사물은 각각 저마다의 이치를 지니며, 그러한 개개의 이치는 하나의 궁극적이고 보편적인 리인 천리天理의 발현이기 때문에, 그에게 있어 모든 대상은 탐구할 가치가 있습니다. 이에 따라 주자의 격물 이론은 인간의 관심의 대상이 되는 모든 영역에서 모든 구체적인 대상에 대한 탐구를 강조하는 경향을 지니게 되었고, 우리를 둘러싼 과학적 지식은 모두 세상을 위해 필요하며 빠뜨려서는 안 되기 때문에 끝없이 공부할 것을 강조하였던 것입니다.

그러한 생각에 동의한 유학자들은 자연현상(기, 음양오행, 천문지리, 역법, 지리 등)에 대한 탐구는 광범위했습니다. 그것들이 지닌 이치에 대한 이해는 천리에 이르는 수단이었고, 천리에 이르기 위해서는 자연현상들에 대한 이치도 이해해야만 한다는 믿음을 견지하였기 때문입니다. 그러나 하나의 정합성 있는 전체를 이해하고 포괄한다는 것은 결코 쉬운 일이 아닙니다. 더 나아가 오히려 그들이 지닌 관심의 초점은 도덕적, 사회적 문제들에 있었고 자연세계가 주된 관심인 적은 결코 없었습니다. 따라서 유학자들이 보인 과학지식에 대한 관심의 부족은 과학이라는 별개의 독자적 범주를 설정하지 않았고 자연세계란 반드시 과학적으로만 탐구될 대상이 아니었기 때문입니다. 즉 자연과학에 대한 폭넓은 교양이 인간을 둘러싼 세계에 대한 올바른 이해로 이어지고 다시 일상日常의 삶에 도움을 준다고 생각했던 것입니다.

과학기술의 놀라운 발달과 그 혜택 속에 살고 있는 오늘날이지만 우리는 어떻게 살아야 할 것인지, 우리에게 다가올 위험은 무엇이며 어떻게 대처해야 할 것인지에 대한 많은 물음이 끊임없이 이어지고 있습니다. 근대 이후의 학문은 인간이 자연의 정복자로 군림하면서 인간 이외의 대상인 자연에 대한 탐구에 집중하였습니다. 근대에 들어 세분화된 분과학문들은 각기 전문성과 독립성을 추구하면서 전체적이고 종합적인 시각을 잃게 되었던 것입니다. 반면에 유학에서 말하는 격물치지의 정신은 전체를 하나의 유기체적 흐름에서 보고 하나로 소통하려는 경향이 강한 것이기에 분석적 사고에서 진행된 오늘날 과학science과는 다릅니다. 동양이 서양의 과학에 비해 뒤처진 것도 자연을 보는 동서양의 관점 차이에서 비롯된다고 할 수 있습니다.

자연과학이나 인문학을 막론하고 오늘날 학문은 자본과 동반자의 길을 걷게 되면서 분과학문들은 이기적으로 개별 학문의 이익만을 추구할 뿐, 개별적 탐구활동이 인류 전반에 미칠 결과에 대해서는 깊이 고민하지 않습니다. 근대 이후의 학문이 지닌 이러한 경향은 자칫 인간 자신에게 커다란 해를 가져올 우려가 도사리고 있습니다. 예를 들어 유전자 조작과 세포복제 그리고 핵에너지 등은 반인문적 결과를 초래할 수 있는 잠재적 위험성을 내포하고 있는 것입니다. 유학에서는 인간다움의 특징을 '가치중립적 이성'이 아닌 '가치지향적 도덕감'에 두었다는 점에서 '지성적 인간형'보다는 '도덕적 인간형'을 더 인간다운 인간으로 선호했던 것입니다. 내면에 충만한 덕을 갖추고 타자와 조화롭게 공존할 줄 아는 인간형, 즉 격조있고 깊이 있게 인간의 존재의의를 드러내고 자기규제와 자기성찰의 책무를 통해 인간다움을 어떻게 고양시킬 것인가는 전적으로 인간 스스로의 책임에 달려 있다고 보고 일상의 성실성을 강조했던 것입니다.

유학은 이처럼 지성적 인간형보다 도덕적 인간형을 선호함으로써 '이성'과 '과학'에 의해 근대문명을 선취한 서양에 뒤지기는 했지만, 이러한 도덕적이고 통합적 인식을 추구하는 인문주의 경향은 동양문화의 주요한 특징으로 남게 되었습니다.

전 6장

선을 향한 마음의 출발지,
성의誠意

상황이나 사태에 대한 객관적 이해가 반드시 바람직한 행동으로 이어지는 것은 아닙니다. 몰라서가 아니라 개인의 사적 이기심이 개입될 여지가 있기 때문입니다. 따라서 도덕적 실천으로 나아가기 위한 굳건한 마음의 자세가 뒤따라야 합니다. 이 때문에 자신의 의지를 정성스럽게 한다는 성의誠意가 격물치지에 이어 나오는 이유입니다.

우리에게 성실이나 정성을 뜻하는 '성誠' 자의 의미는 남다릅니다. 가훈家訓이나 교훈校訓 가운데 '성실'을 강조하는 글귀가 유독 많은 것도 그러한 이유일 것입니다. 일상생활에서 성실을 강조하는 것은 배우자를 선택함에 있어서도 예외가 아닙니다. 현재의 모습도 중요하지만 그 모습 그대로 변하지 않고 지속되기를 바라는 마음이기 때문입니다. 성실은 때로는 충실함으로 비춰질 수 있습니다. 자기가 맡은 일에 최선을 다하려는 마음 자체는 중요하기 때문입니다. 그러나 남을 속이거나 도둑질에 있어서도 그 목적을 달성하기 위한 충실함은 있어야 할 것이기에, 성실의 의미에 대하여 곰곰이 생각해 볼 필요가 있습니다. 부도덕한 동기나 행위를 성실하다고 말하지 않기 때문입니다. 그렇다면 우리가 바람직하게 생각하는 성실하려고 하는 마음은 도대체 어떤 마음상태이고, 그 성실함에도 조건이 있다면 무엇을 꼽을 수 있을까요?

『대학』 6장은 자신의 의지를 성실히 한다는 의미에서 '성의誠意'를 강조합니다. '성의장誠意章'으로 일컫는 이 장은 이렇게 시작됩니다.

이른바 '그 뜻을 성실히 한다'는 것은 스스로를 속이지 말라는 것이니, 나쁜 냄새를 싫어하듯이 하며 이성을 좋아하듯이 하는 것이다. 이것을 '스스로 흡족해한다'고 이른다. 그러므로 군자는 반드시 자기 혼자만 아는 마음獨을 삼가는 것이다.

所謂誠其意者는 毋自欺也니
소 위 성 기 의 자   무 자 기 야

如惡惡臭하며 如好好色이 此之謂自謙이니
여 오 악 취   여 호 호 색   차 지 위 자 겹

故로 君子는 必愼其獨也니라
고   군 자   필 신 기 독 야

※ **무**(毋): 하지 말라. **기**(欺): 거짓, 속이다. **오**(惡): 싫어하다. **악취**(惡臭): 나쁜 냄새.
겹(謙): 흡족하다, 만족스럽다. 옛날의 음은 '겹'. **신**(愼): 삼가다, 신중하다.

성실한 마음은 자신을 올바르게 하거나 몸을 수양하는 첫 단계입니다. 스스로를 속이지 말라는 '무자기毋自欺'의 표현도 성실을 표현하는 말입니다. 여기서 무毋 자는 절대로 속임이 없다는 강한 부정의 어투입니다. 무엇을 속임이 없다는 것일까요? 어떤 상황에서 선은 행해야 되고 악은 제거해야 된다는 것을 알고는 있지만, 실제의 마음은 그렇지 않다는 것입니다. 마치 악취를 싫어하거나 이성에 이끌리는 것과 같은 자연스런 감정의 상태가 아닙니다. 더 나아가 90% 이상 이루어

졌다 하더라도 아직 부족한 것이 남아 있다면 완전히 흡족한 상태인 만족滿足이라 말할 수 없습니다. 막힘없이 상쾌하고 충족된 쾌족快足에 이르러야 합니다. 선악의 갈림길에 있어서는 더욱 그렇습니다. 아직 드러내지 않았더라도 다양한 자기감정은 있기 마련이고 자기 스스로도 알 수 없을 때가 있습니다. 그러나 겉으로 드러나지 않았으므로 남들은 모르더라도 자기 스스로만이 알고 있는 속내입니다. 여기서 스스로를 신중히 한다는 '신독愼獨'이 강조됩니다.

삼가고 조심하며 경계한다는 의미의 신愼은 같은 뜻의 근謹 자로도 자주 사용됩니다. 주자는 송나라 효종孝宗의 이름인 신愼 자를 피하여 근謹 자로 바꾸어 주석하였습니다.

새해를 맞이할 때 쓰는 근하신년謹賀新年이나 편지 봉투에 근봉謹封이라 쓰는 경우가 그렇습니다. 자기 스스로를 삼간다는 것은 옳고 그름에 대한 결단력, 즉 강한 의지를 수반합니다. 단순히 선을 좋아하는 정도가 아니라 이성에 대한 본능적 이끌림처럼 자기 스스로의 도덕적 감정에 충실하며 살아가는 것입니다. 실제의 감정대로 그렇게 하려는 강단있는 의지도 필요합니다. 특히 자신만이 알고 있는 미세한 마음의 떨림, 즉 기미幾를 유심히 살필 필요가 있습니다. 선악의 갈림길이므로 더욱 그렇습니다. 주자는 자기수양의 으뜸을 성의로 보고 다음과 같이 말합니다.

자신을 수양하고자 하는 사람은 선을 행하여 악을 제거해야 함을 알았거든 마땅히 실제로 그 힘을 써서 그 자신을 속이는 것을 금지해야 한다. 만약 악을 미워하거든 악취를 싫어하듯이 하고, 선을 좋아하거든 좋은 이성에 이끌리듯이 하는 것이다. 악은 모두 결연히 제거하는데 힘쓰고 선은 반드시 구하여 얻어서 저절로 자신에게 쾌족하게 할 것이요, 한갓 구차스럽게 외물에 따라 남들에게 보여주기 위해서는 안될 것이다. 그러나 자신의 진실 여부는 남들이 알 수 있는 바가 아니라 자기 스스로 아는 것이다. 그러므로 반드시 자신만이 홀로 알고 있는 것을 삼가서 그 선과 악의 기미를 살펴야 한다.[1]

겉으로 드러나기 이전의 감정이므로 남들은 모를지라도 선과 악의 경계선을 분명히 하라는 것입니다. 그것도 억지로 꾸며대는 감정이 아니라 자연스럽게 우러나오는 만족스런 상태를 뜻합니다. 진정한 의미에서 도덕을 실천하는 동력을 확보하라는 것이지요. 많은 사람들이 좋아하는 글귀로 뽑는 자신을 속이지 말하는 무자기毋自欺나, 자기만 알 수 있는 마음의 떨림을 삼가라는 신독愼獨이 바로 그러한 의미입니다. 속임이 없이 실질에 힘쓰는 무실務實의 자세는 남의 시선을 의식하지 않습니다.

『대학』에서는 군자와 대비된 소인의 민낯이 보여주면서 신독의 의미를 다시금 부연설명하고 있습니다.

---

1. 『대학장구』 성의장 주자의 주석. "欲自脩者知爲善以去其惡, 則當實用其力, 而禁止其自欺, 使其惡惡則如惡惡臭, 好善則如好好色, 皆務決去, 而求必得之, 以自快足於己, 不可徒苟且以殉外而爲人也. 然其實與不實, 蓋有他人所不及知而己獨知之者, 故必謹之於此以審其幾焉."

소인은 혼자 있을 때 마음대로 나쁜 짓을 하다가, 군자를 본 뒤에는 시치미를 떼고 자신의 나쁜 점을 감추고 좋은 점을 드러낸다. 그렇지만 남들이 자기를 보는 것이 마치 폐나 간처럼 속을 훤히 알고 있으니 무슨 보탬이 되겠는가. 이것이 '마음이 성실하면 겉으로 드러난다'고 하는 것이다. 그러므로 군자는 반드시 자신이 혼자만 아는 것을 삼간다.

小人이 閒居에 爲不善하되 無所不至하다가
소 인　한 거　위 불 선　　무 소 부 지

見君子而后에 厭然揜其不善하고 而著其善하나니
견 군 자 이 후　암 연 엄 기 불 선　　이 저 기 선

人之視己가 如見其肺肝然이니 則何益矣리오
이 지 시 기　여 견 기 폐 간 연　　즉 하 익 의

此謂誠於中이면 形於外라 故君子는 必愼其獨也니라
차 위 성 어 중　형 어 외　고 군 자　필 신 기 독 야

※ 한(閒): 한가롭다. 한거(閒居)는 혼자 있다는 말이다. 후(后): 뒤. 암연(厭然): 부끄러워 몰래 감추는 모양. 염(厭)은 '암'으로 읽음. 엄(揜): 감추다. 저(著): 드러내다. 폐간(肺肝): 폐와 간. 형(形): 드러나다.

'~하는 체'하는 행위는 오래갈 수 없습니다. 거짓으로 꾸며대는 소인들의 행태는 아무리 감추려 해도 결국은 드러나기 마련입니다. 평소에 제멋대로 하다가 남들의 눈을 의식하여 은근슬쩍 감추려 들지만, 안목을 지닌 군자의 눈은 결코 속일 수 없습니다. 거짓말은 또 다른 거짓말을 낳습니다. 이미 분명하여 제아무리 거짓으로 꾸며대도 결국 들통이 날 것입니다. 예를 들어 상대에 대한 배려의 마음에서 나오는 공손함은 좋은 태도이지만, 만약 그것이 꾸며댄 공손한 태도였다면 문제는 달라집니다. 오히려 배신감으로 다가설 것입니다. 『대학』에서는 '마음이 성실하면 밖으로 드러난다誠於中, 形於外'라는 말을

덧붙여 신독이 도덕 실천의 동력임을 강조하고 있습니다. 주자는 말합니다.

> 이는 소인이 몰래 나쁜 짓을 하면서도 겉으로는 그것을 감추려고 하는 것이다. 선을 행하고 악을 버려야 한다는 것을 모른 것은 아니지만, 다만 실제로 그러한 노력을 하지 못해서 이런 지경에 이른 것이다. 그러나 자신의 나쁜 짓을 숨기려고 해도 끝내 감출 수 없고 선한 것처럼 꾸미려 해도 끝내 속일 수 없으니, 또한 무슨 보탬이 있겠는가. 이 때문에 군자는 거듭 경계로 삼아 반드시 자기 혼자 있을 때 삼가는 이유다.[2]

잘못을 감추는 것은 자신을 속이는 일이고, 남에게 선한 점을 드러내려 하는 것 또한 남을 속이는 일입니다. 자신을 속이고 남을 속이는 것은 항상 서로 꼬리를 물고 일어나는데, 처음에는 자신을 속이다가 결국에는 다른 사람까지 속이는데 이르게 됩니다. 이 모두가 내 마음의 성실함이 부족하기 때문에 생기는 일입니다.

아울러 성실한 태도와 관련된 두 가지 사례를 소개하고 있는데, 먼저 성실하다고 이름난 공자의 제자인 증자의 말을 덧붙여 신독의 의미를 강조합니다.

---

2. 『대학장구』 6장. 주자의 주석.

증자가 말했다. "열 사람의 눈이 지켜보며 열 사람의 손이 가리키는 듯하니, 두렵구나!"

曾子曰 十目所視며 十手所指니 其嚴乎인저"
증 자 왈 십 목 소 시 십 수 소 지   기 엄 호

※ **지**(指): 손가락. 가리키다. **엄**(嚴): 엄숙. 삼엄.

어린아이들이 숨바꼭질 놀이를 할 때 구석에 얼굴만 가리면 남들이 자기를 찾지 못한다고 착각할 때가 있습니다. 자신만의 세계에서 살아가던 때입니다. 몸뿐 만아니라 마음도 마찬가지입니다. 『대학』에서는 혼자 있을 때라도 남들이 자신을 알아볼 리 없다고 생각하지 말라고 합니다. 사방에 눈이 있고 모든 사람들이 손가락질한다고 생각한다면 함부로 할 수 없을 것입니다. 아무리 감추려해도 선악은 결국 드러나게 된다는 것을 극대화시킨 말입니다. 혼자 있을 때 선행을 하는 사람은 남이 알아주기를 원치 않지만 어느 순간 저절로 알려지게 되고, 반면에 혼자 있을 때 나쁜 짓을 하는 사람은 남이 알지나 않을까 염려하지만 언젠가는 남들이 알고 말 것이니 매우 두렵다는 말입니다. 결국 누가 보든 안 보든 일상에서의 성실한 삶의 자세를 강조하는 것입니다.

공자의 제자 가운데 증자는 성실함을 대표하는 인물입니다. 평소 증자는 연못가에 빠지지나 않을까 하는 마음에서 얇은 얼음을 밟듯이 전전긍긍戰戰兢兢하는 신중한 태도를 지녔습니다. 임종 무렵에도 제자들에게 자신의 손과 발을 살펴보라고 할 정도였습니다. 부모에게 받은 몸을 조금도 훼상시키지 않고 온전하게 살도록 노력했음을

보여줍니다. 그가 보여준 일상의 성실함은 주변을 의식하지 않는 내면의 성실함에서 비롯되었던 것입니다.

또한 신독으로 대표되는 내면의 성실함은 자연스럽게 겉으로 드러나는 효과가 있습니다. 다음의 사례가 그렇습니다.

> 부유함은 집을 윤택하게 하고 덕은 몸을 윤택하게 한다. 마음이 넓어지면 몸이 펴지므로 군자는 반드시 그 뜻을 성실히 한다.
>
> 富潤屋이요 德潤身이라 心廣體胖하나니
>   부 윤 옥   덕 윤 신   심 광 체 반
>
> 故로 君子는 必誠其意니라
> 고   군 자   필 성 기 의
>
> ※ 윤(潤): 적시다. 윤택하다. 반(胖): 편안하고 여유롭다.

부유하고 여유가 있을수록 집안도 달라집니다. 집안을 꾸미듯이 성실한 자세로 덕을 갖춘다면 몸도 여유롭게 될 것입니다. 심신이 안정되는 것이지요. 덕을 갖춘 사람은 잘못된 행위에 대한 마음의 부끄럼도 줄어듭니다. 드넓은 기상, 즉 호연지기浩然之氣로 넘쳐날 때 온몸도 여유로워지는 것과 같습니다. 뜻을 정성스럽게 하는 성의에서 비롯된 효과라 할 것입니다. 『대학』에서는 마음이 너그러워지면 몸도 편안해지는 심광체반心廣體胖의 효험으로 설명하고 있습니다. 선으로 가득한 마음이 겉으로 드러나는 것입니다. 주자는 다음과 같이 정리하고 있습니다.

부유하면 집이 윤택하게 될 수 있듯이 덕을 지니면 몸이 윤택하게 될 수 있다. 그러므로 마음에 부끄러움이 없다면 마음이 관대하고 너그러워 몸이 항상 여유롭고 편안해진다. 덕이 몸을 윤택하게 함이 그러한 경우이다. 선이 마음에 가득 채워져 밖으로 드러나는 것이 이와 같다.[3]

성실에서 필요한 것은 실천적인 마음의 자세입니다. 성리학자들은 마음을 세분화시켜 치밀하게 검토합니다. 마음의 본체가 본성性이라면 그 마음의 작용을 감정情으로 봅니다. 우리가 느끼는 기쁨, 슬픔, 성냄 등 다양한 감정은 내재된 본성이 표출된 것으로 보는 것이지요. 외부의 상황에 따라 감정의 표출은 달라지고, 자신의 감정을 생각하고 행동의 방향성을 정하는 것은 의지意에 달려있습니다. 따라서 어떠한 감정을 느끼느냐가 중요한 것이 아니라, 어떻게 생각하고 판단하느냐는 의지가 중요합니다. 의지를 성실히 한다는 것은 그릇된 욕망에 흔들리기 쉬운 감정을 조절하여 바람직한 방향으로 자신을 다듬어가는 것입니다. 악이 끼어들 여지를 줄여가는 것이지요. 도덕실천에서 성의誠意를 중시한 이유가 바로 여기에 있습니다.

참고로 율곡 이이 선생은 모든 일의 시작에서 뜻을 세우라는 입지立志를 강조합니다. 입지는 성의誠意를 위한 실천방법이라 할 수 있습

---

3. 『대학장구』 성의장 주석. "富則能潤屋矣, 德則能潤身矣, 故心無愧怍, 則廣大寬平, 而體常舒泰, 德之潤身者然也. 蓋善之實於中而形於外者如此."

니다. 흔들리는 인간의 나약함에서 벗어나 선으로의 길을 촉구하기 때문입니다. 『격몽요결』에서 율곡은 말합니다.

처음 배우는 사람은 모름지기 뜻을 세우되, 반드시 성인聖人이 되겠다고 스스로 기약하여 털끝만큼이라도 자신을 작게 여겨서 핑계대려는 생각을 가져서는 안될 것이다. 보통사람이나 성인이나 그 본성은 마찬가지이다. 비록 기질은 맑고 흐림과 순수하고 잡됨의 차이가 없을 수 없지만, 만약 참되게 알고 실천하여 옛날에 물든 나쁜 습관을 버리고 그 본성의 처음을 회복한다면 털끝만큼도 보태지 않고서 온갖 선이 넉넉히 갖추어질 것이니, 보통사람들이 어찌 성인을 스스로 기약하지 않을 수 있겠는가! 그 때문에 맹자께서는 모든 사람의 본성이 착하다고 주장하시되 반드시 요임금과 순임금을 일컬어 실증하시며 "사람은 모두 요순처럼 될 수 있다"고 말씀하셨으니, 어찌 나를 속이시겠는가?

사람의 용모는 추한 것을 바꾸어 예쁘게 만들 수 없으며, 체력은 약한 것을 바꾸어 강하게 할 수 없으며, 신체는 짧은 것을 바꾸어 길게 할 수 없다. 이와 같은 것들은 태어나면서부터 이미 결정된 것인지라 쉽게 바꿀 수 없는 것이다. 그러나 오직 우리의 의지만은 어리석은 것을 슬기롭게 바꿀 수 있으며, 불초한 것을 어질게 바꿀 수 있다. 텅 비어 신령스러운 우리 마음의 지각능력은 태어날 때 부여받은 기질에 구애되지 않기 때문이다. 슬기로움보다 아름다운 것이 없으며, 어짊보다 귀한 것이 없거늘 무엇이 괴로워서 어짊과 지혜로움을 실천하지 아니하여 하늘이 부여한 본성을 훼손하는가? 사람들이 이와 같은 뜻을 마음속에 보존하여 굳게 지켜 물러서지 않는다면 거의 도에 가까이 다가설 수 있을 것이다.

무릇 사람들이 스스로 뜻을 세웠다고 말하지만, 곧바로 공부하지 않고 미적거리면서 뒷날을 기다리는 까닭은 말로는 뜻을 세웠다고 하지만 실제로는 배움을 향한 정성이 없기 때문이다. 만일 나의 뜻으로 하여금 진실로 배움에 있게 한다면 인仁을 실천하는 일은 자기에게 말미암는 것이어서, 인을 실천하고자 하면 인이 곧바로 이르게 되니 어찌 남에게서 구하며 뒷날을 기다리겠는가. 입지를 중시하는 까닭은 입지가 확고해지면 곧바로 공부에 착수하여 오히려 미치지 못할까 염려해서 항상 공부할 것을 생각하여 물러서지 않게 되기 때문이다. 만약 혹시라도 뜻이 성실하고 독실하지 못하여 그럭저럭 옛 습관을 답습하면서 세월만 보낸다면 늙어 죽도록 어찌 성취하는 바가 있겠는가! [4]

자기한계를 넘어서려는 율곡의 각오가 엿보이는 글입니다. 뜻을 성실히 하려고 노력하는 무실務實의 자세는 남의 시선을 그다지 의식하지 않습니다. 오히려 남들이 가지 않는 길로 한 발 내딛습니다. 율곡이 「학교모범」에서 입지立志의 중요성을 말한 다음과 같은 내용이 그렇습니다.

---

4. 『격몽요결』 '입지장(立志章)'.

배우는 자는 모름지기 먼저 뜻을 세워 진리로써 자신의 임무를 삼아야 한다. 도는 저 멀리 있는 것이 아님에도 사람들 스스로 행하지 않는 것이다. 모든 선함이 내 속에 갖춰져 있으니 달리 구할 필요가 없다. 지체하거나 의심할 필요도 없고, 두려워하거나 머뭇거릴 필요도 없다. 다만 천지를 위하여 마음을 세우고, 백성을 위하여 표준을 세우고, 앞선 성현을 위해 끊어질 학문을 계승하고, 만세를 위한 태평성대를 표준으로 삼아야 한다.[5]

성의를 향한 길목에서 입지는 언제나 중요합니다. 또한 성의는 선악의 경계를 뛰어넘는 관문입니다. 이 관문을 뛰어넘은 자는 군자다운 인격을 소유한 사람이 될 것이고, 그렇지 못하면 자신을 속이는 소인으로 추락할 것입니다.

선악의 갈림길에서 누구나 고심합니다. 주자 역시 말년까지 이 '성의장'에 대한 해석에 대하여 수정에 수정을 거듭했습니다. 누구보다도 성의에 주목했지만 자신의 의지를 항상 견지하면서 흔들리지 않는 자세를 유지할 수 있는가에 대한 고민이 담겨있습니다. 본능에 따라 행동하는 동물과는 달리 선을 지향하는 인간은 선택의 자유와 의미를 추구하려는 의지가 있기 때문입니다. 그러나 여전히 의지를 충실實하게 채워나가느냐, 그렇지 않느냐의 여부는 자신의 선택과 노

---

5. 『율곡전집』「학교모범」 "立志謂學者先須立志, 以道自任. 道非高遠, 人自不行. 萬善備我, 不待他求. 莫更遲疑等待, 莫更畏難趑趄, 直以爲天地立心. 爲生民立極. 爲往聖繼絶學, 爲萬世開太平爲標的."

력에 달려 있을 뿐입니다. 지금 여기 이 자리에서 선악의 갈림길에 서있는 우리의 의지는 어떠한가요?

전 7장

올바른 마음正心에서
시작되는 수신修身

『대학』에서 뜻을 성실하게 하는 성의에 이어 정심正心을 말합니다. 흔히 수신은 마음을 올바르게 하는 정심에서 출발해야 한다고 말합니다. 수신에서 신身 자를 쓰지만 실제로는 올바른 마음가짐이 바로 수신의 출발지라는 의미입니다. 앞서 마음이 넓어지면 몸도 펴진다는 심광체반心廣體胖이라 했듯이, 마음과 몸은 함께 갑니다. 마음이 불편하면 자신도 모르게 몸동작도 어색해집니다. 먼저 원문에는 우리가 일반적으로 느끼게 되는 분노, 두려움, 향락, 우환 등 네 가지 마음을 제시합니다.

이른바 "몸을 닦음이 자신의 마음을 바르게 하는 데 달려 있다"는 것은 마음에 분노하는 것이 있으면 몸이 바름을 얻지 못하고, 마음에 두려워하는 것이 있으면 몸이 바름을 얻지 못하며, 마음에 좋아하고 즐거워하는 것이 있으면 몸이 바름을 얻지 못하며, 마음에 근심하고 걱정하는 것이 있으면 몸이 바름을 얻지 못하기 때문이다.

所謂修身이 在正其心者는
소 위 수 신   재 정 기 심 자

身有所忿懥면 則不得其正하고 有所恐懼면 則不得其正하고
신 유 소 분 치 즉 부 득 기 정   유 소 공 구 즉 부 득 기 정

有所好樂면 則不得其正하고 有所憂患이면 則不得其正이니라
유 소 호 요　즉 부 득 기 정　　유 소 우 환　　즉 부 득 기 정

※ **분**(忿): 심한 분노. **치**(懥): 분노가 여전히 남아있음. **공구**(恐懼): 두렵고 두렵다. **요**(樂): 좋아하다. **우환**(憂患): 근심과 걱정.

　수신의 관건은 마음을 올바르게 하는 정심正心에 달려있습니다. 본문에서는 올바른 마음을 유지하지 못하는 원인을 분노, 두려움, 향락, 우환 등 네 가지를 대표적으로 제시되어 있습니다. 특히 분노가 제일 먼저 나옵니다. 화낸다는 분忿 자는 마음이 여러 갈래로 나누어진 모습입니다. 화를 넘어 분노에 사로잡히는 감정입니다. 그 의미를 더한 치懥 자는 노여움이 여전히 가슴에 남아있는 것입니다. 스트레스를 받아 화를 참지 못하고 충동적 범죄로 이어질 수도 있는 분노조절장애는 치료의 대상이기도 합니다. 이 외에도 지나친 두려움이나, 탐욕으로 이어지는 좋아하고 즐거움, 그리고 근심과 걱정에 사로잡히는 것은 올바른 마음을 유지하는 데 방해요인으로 지목되고 있습니다. 내면에서 욕망이 꿈틀거리고 감정이 우세해지면 그에 따라 몸가짐도 흐트러지기 마련입니다.

　성리학자들은 감정과 욕망 자체를 부정하는 것이 아닙니다. 오히려 인간에게 보이는 그러한 흔들리는 모습을 긍정하면서도 동요됨이 없는 일정함을 유지하려는 조절의 노력에 초점을 둡니다. 주자는 우리 마음이 외부 대상이나 사태에 얽매이는 경우를 세 가지로 구분합니다. 일이 닥치기도 전에 미리 기대하는 마음, 다 끝났는데도 여전히 마음에 남아서 잊지 못하는 경우, 그리고 일을 대응할 때에 어느

한 편으로 생각이 편중된 경우입니다. 어쩔수 없는 심리현상이기도 합니다. 그렇다면 우리는 흔들리는 마음을 어떻게 다잡아 나가야 될까요?

기뻐하고 노여워하며 걱정하고 두려워하는 감정은 마음의 작용이므로 사람이라면 없을 수 없을 뿐 아니라 없어서도 안된다. 그러나 다만 평소 아무 일이 없을 때 미리 이 네 가지 감정을 가슴 속에 가지고 있어서는 안될 것이다. 만약 평소에 미리 이 네 가지 감정에 사로잡혀 있다면 그것은 바로 사사로운 생각私意이다. 사람이 만약 조금이라도 사사로운 생각으로 가슴 속이 꽉 막혀 있다면 마음을 올바르게 가질 수 없다.

그러므로 반드시 마음을 함양하여 사물을 대응하지 않았을 때 담담하게 텅 비고 조용하여 마치 맑은 거울이나 평평한 저울과 같은 상태를 유지해야만 사물과 대응할 때에 비로소 착오가 없게 된다. 마땅히 기뻐해야 할 일이면 기뻐하고, 마땅히 노여워해야 할 일이면 노여워하고, 마땅히 걱정해야 할 일이면 걱정하다가 적당한 시기에 그만둔다면 다시금 지나치는 일이 없을 것이다. 그렇게 해야만 비로소 올바른 본심을 유지할 수 있다.[1]

---

1. 『대학장구』7장 소주. 西山眞氏曰 "喜怒憂懼, 乃心之用, 非惟不能無, 亦不可無.
但平居無事之時, 不要先有此四者在胸中. 如平居先有四者, 卽是私意. 人若有些
私意, 塞在胸中, 便是不得其正. 須是涵養此心, 未應物時, 湛然虛靜, 如鑑之明,
如衡之平. 到得應物之時, 方不差錯. 當喜而喜, 當怒而怒, 當憂而憂, 當懼而懼,
恰好則止, 更無過當. 如此, 方得本心之正."

주자는 적절한 대응을 위해서는 일이 없을 때부터 마음을 다스리고 기르는 함양涵養의 노력이 필요하다고 말합니다. 그러한 평정심은 상황에 직면해서 올바르게 대처하는 힘이 된다는 것입니다. 그러나 일이 없을 때나 있을 때나 일정한 마음을 유지하는 것은 현실적으로 어려운 일입니다. 시도 때도 없이 움직이는 것이 마음이기 때문입니다. 잔상이 깊게 남는 일에는 더없이 흔들립니다. 의식적으로 끊어버리려 노력하는 것이 능사가 아닙니다. 격한 운동이나 알콜의 힘을 빌리는 것도 잠시뿐입니다. 의식적인 노력이 개입되는 순간 생각지도 못하게 더욱 자기 합리적 방어논리로 다가서기도 합니다. 현실화될 수 없는 망상에 빠지기도 쉽습니다. 그 막히거나 꼬리에 꼬리를 물고 스쳐 지나가는 마음을 다스려야 합니다. 마음이 동요되지 않도록 노력하는 것이 중요합니다. 성인으로 일컬어지는 공자의 마음이 그러했듯이 말입니다.

걱정과 두려움은 외부의 일로 생긴 것이기는 하지만 모름지기 도리에 따라 대처해야 한다. 일이 닥치면 마땅한 방법에 따라 걱정하고 두려워해야 한다. 마냥 마음만 졸이고 있으면 무슨 일을 할 수 있겠는가? 공자가 광匡 땅에서 목숨이 위태로운 상황을 당할 때나 문왕이 유리羑里의 감옥에서 감금되었을 때는 죽느냐 사느냐의 기로에 있었다. 그러나 성인은 원래 마음을 동요하지 않으므로 아무렇지도 않게 태연히 대처하셨다.[2]

---

2. 『대학장구』7장 소주 참조.

이어지는 원문은 감정을 조절하지 못한 결과를 예측하듯 말합니다. 많은 이들이 즐겨 쓰는 구절입니다.

마음이 보존되지 않으면 보아도 보이지 않으며 들어도 들리지 않으며 먹어도 제 맛을 모른다. 이것을 '몸을 닦는 것이 마음을 바르게 함에 달려있다'고 말하는 것이다.

心不在焉이면 視而不見하며 聽而不聞하며 食而不知其味니라
심 부 재 언   시 이 불 견   청 이 불 무   식 이 부 지 기 미

此謂脩身在正其心이니라
차 위 수 신 재 정 기 심

만약 마음을 붙들어 두지 않는다면 분노, 두려움, 향락, 근심스런 감정의 지배에서 벗어나기 쉽지 않습니다. 『대학』에서는 그 결과 보아도 보지 못하고 들어도 듣지 못하며 먹어도 그 맛을 알지 못한다고 말합니다. 시청視聽과 견문見聞의 차이, 즉 보는 것과 보이는 것은 다르고 듣는 것과 들리는 것은 다릅니다. 우리는 텔레비전을 시청한다고 말하지, 텔레비전을 견문한다고 말하지 않습니다. 보고 듣는 시청視聽은 그저 외부 대상을 보고 듣는 것일 뿐이지 아직 주체적 판단이 개입되지 않는 상태입니다. 주어지는 대로 상대의 의도에 따라 받아들일 따름입니다. 그러나 견문見聞은 다릅니다. 일정한 관심을 가지고 보고 듣는 것입니다. 수동이 아니라 능동적 자세가 개입됩니다. 마찬가지로 근심 걱정에 휩싸여 있다면 먹어도 음식의 맛을 알기 어렵습니다. 결국 흔들리지 않는 마음을 간직하고 있을 때라야 비로소

대상을 관조하고 사태를 직시하는 주체적 힘이 생기는 것입니다.

내 몸의 주인으로서 살아가는 방법은 무엇일까요? 유학자들은 일신의 주재력을 확보하는 중심으로 공경할 경敬 자에 주목해 왔습니다. 주자는 말합니다.

마음이 보존되지 않으면 자신의 몸을 살필 수 없다. 그러므로 군자는 반드시 이 흔들리는 마음을 잘 살펴서 공경을 기울여 마음을 바르게 한 뒤에야 이 마음이 항상 보존되어 몸이 닦이지 않음이 없게 된다.[3]

사적인 마음을 살피고 살펴서察 올곧게 만드는 힘이 경敬에 달려 있다는 것입니다. 경건하고 공경한 자세로 당면한 일에 집중하는 것도 경이 지닌 힘입니다. 공부할 때는 공부에 집중하고, 밥 먹을 때는 밥 먹는 것에 집중하여 그 맛을 느끼듯이 당면한 일상의 현실에서 최선을 다하는 것입니다. 이렇게 항상 마음을 보존하여 주재력을 지니도록 노력할 때라야 여러 가지 헛된 생각들이 물러나 마음이 바르게 되고 몸도 수양될 것입니다. 경으로써 내 마음을 올곧게 유지한다는 경이직내敬以直內는 생동감있는 삶의 푯대입니다.

참고로 율곡 선생의 「자경문」은 자신의 마음을 가다듬기 위해 작성합니다. 몇 가지 그의 다짐을 살펴보면 열정적 삶의 자세로 국가

---

3. 『대학장구』 7장 주석. "心有不在, 則無以檢其身. 是以君子, 必察乎此, 而敬以直之, 然後此心常存, 而身無不修也."

와 민족을 위해 고군분투했던 모습이 어떻게 형성되었는지 짐작됩니다. 율곡이 제시한 방법은 '정신을 가다듬고 가볍게 스쳐지나가듯 대처해야 하는 것'입니다. 그렇게 되기 위해서는 오랜 시간이 필요하고 좀 더 확실한 방법도 있어야 한다고 말합니다.

새벽에 일어나 아침나절에 할 일을 생각하고, 아침을 먹은 뒤에는 낮에 할 일을 생각하고, 잠자리에 들 때는 내일 할 일을 생각한다. 특별한 일이 없으면 마음을 내려놓고, 일이 있으면 반드시 생각하여 일을 함에 있어 그 일을 처리하기에 합당한 방법을 얻어야 한다. 그런 다음에 책을 읽는다. 책을 읽는다는 것은 옳고 그름을 분별하여 일처리에 적용하기 위해서이다. 만약 일을 살피지 않고 우두커니 앉아서 책만 본다면 쓸모없는 배움이 될 것이다.[4]

하루 일과를 꼼꼼히 적어두고 실천하는 것은 좋은 태도입니다. 그러나 우리가 종종 경험했듯이 여름과 겨울에 방학을 맞아 집에서 지내면 학교 다닐 때와 달리 자신이 세운 규칙이 오래가기 어렵다는 것을 압니다. 작심삼일作心三日도 3일마다 하면 좋으련만 현실은 그렇지 못합니다. 보다 좋은 방법은 짧게 짧게 끊어서 그때마다 할 일에 집중하는 것입니다. 순간의 길이가 쌓여질 때 그 선은 보다 굵고 길

---

4. 『율곡전집』 '사경문'. "晚起, 思朝之所爲之事; 食後, 思晝之所爲之事; 就寢時, 思明日所爲之事. 無事則放下, 有事則必思, 得處置合宜之道, 然後讀書. 讀書者, 求辨是非, 施之行事也. 若不省事, 兀然讀書, 則爲無用之學.

어집니다. 일이 없을 때는 마음을 편하게 내려놓는다면, 잠시의 여유
와 휴식은 활력으로 돌아옵니다. 그러다 일에 직면해서는 조금의 소
홀함 없이 가장 합당한 방법으로 휘몰아치듯 달려들어야 합니다.

율곡의 「자경문」 마지막에 그 스스로를 위해, 아니 배우는 학인들
을 위해 재차 권합니다.

> 공부는 느긋하게 해서 안되고 조급하게 해서도 안된다. 죽은 뒤에야
> 끝날 뿐이다. 만약 급히 효과를 얻으려 하다면 이 또한 이익을 추구
> 하는 마음利心이다.[5]

더 빨리 가고 더 높이 오르기 위해 느긋함과 조급함의 경계선에서
우리는 갈망합니다. 여유로운 2등이 쫓기는 1등보다는 좋다는 말을
알면서도 달리던 속도를 좀체 멈출 수 없습니다. 또한 급하다보면 그
흔히 듣던 '욕속부달欲速不達'의 경구가 눈에 들어오지 않습니다. 율곡
은 그러한 조급함을 이익을 추구하는 마음이라 단언합니다. 더 빨리
가려는 조급함은 미처 준비되지 않는 채 더 많은 것을 얻고자 하는
욕심이라는 것입니다. 차분하게 하면서도 지속적으로 무루 젖듯 자
연스럽게 가야 합니다. 이제는 성장을 넘어 성숙이 필요할 때입니다.
남에게 보여주기 공부에서 벗어나 진정으로 자신의 본래 모습을 찾
아가는 성숙으로의 공부로 전환되어야 합니다.

---

5. 『율곡전집』 '자경문'. "用功不緩不急. 死而後已. 若求速其效, 則此亦利心.

알묘조장揠苗助長

춘추전국시대에 송나라 사람의 이야기다. 자신의 묘가 빨리 자라지 않는 것을 걱정하여 그것들을 뽑아 올린 자가 있었다. 피곤한 모습으로 집에 돌아와 집안사람들에게 "오늘 정말 피곤하다. 내가 묘를 도와서 높이 자라도록 해주었다." 라고 말했다. 그 자식이 뛰어가서 보니 묘는 이미 말라 있었다.　　　　　　　－『맹자』, 「공손추」 상편

'알묘조장'은 성급한 일처리의 잘못을 비유할 때 쓰는 말이다. 뽑는다는 알揠은 같은 뜻의 발拔 자로도 사용되어 '발묘조장拔苗助長'이라 쓰기도 한다. 성급히 처리하다 일을 그르치는 경우도 많다. 기본과 순서를 무시한 대가는 때로 혹독하다. 도와서 자라나게 해준다는 조장助長의 의미 역시 부정적인 경우가 많다. 도움이 필요하지도 않는데 굳이 거들겠다고 나서면 오히려 방해가 될 뿐이다.

맹자가 제시한 알묘조장의 사례는 호연지기를 언급하면서 나왔다. 천지자연과 짝하는 드넓은 마음의 기상인 호연지기는 우리 마음에 의로움이 쌓여서 자연스럽게 나오는 것이지 억지로 조장하는 마음이 아니라는 것이다. 반드시 어떤 일을 처리해야 할 경우에 미리 단정하지도 말라. 때로는 기대와는 달리 충분하지 못한 결과에 직면하더라도 지금까지의 노력이 옳았다면 그 방식을 잊지 말고 지속해야 한다. 억지로 끌어올리려는 조장의 노력은 오히려 일을 망치게 할 뿐이다. 그것이 바로 잊지도 않고 조장하지도 않으면서도 제 길을 가는 방법이다必有事焉而勿正, 心勿

忘勿助長也. 알묘조장으로 비웃음거리가 된 송나라 사람처럼 해서는 안 된다. 이처럼 맹자는 자연스럽게 내 안에 쌓여지는 의로움, 즉 집의集義를 통해 드넓은 마음의 기상인 호연지기浩然之氣를 기르는 방법을 제시한다.

전 8장

수신에서 출발하는 제가齊家

『대학』1장의 경문에서 "가정의 윤리를 질서정연하게 하려면 몸을 수양해야 한다"고 말합니다. 그것은 자기의 수양을 전제로 확대되는 가정, 즉 '수신제가修身齊家'의 구도에서 나옵니다. 자기의 수양이 가정의 화목으로 이어진다는 것이지요. 그렇다면 과연 제가의 선결조건은 수신일까요? 핵가족화되고, 가족의 해체를 걱정하는 현대사회에서 수신이 없는 제가는 불가능할까요? 수신은 과연 어떤 의미를 지닐까요? 수신을 기점으로 확대되는 구도는 우리에게 익숙한 수신제가치국평천하修身齊家治國平天下인데, 특별히 수신만을 별도로 다룰 수 없으므로 본문에서는 수신제가를 연결하여 말합니다.

이른바 자기 집안을 가지런하게 함이 자신의 몸을 닦는 데 달려 있다는 것은 사람들은 자기가 친하고 사랑하는 이들에게 편견을 가지며, 자기가 천시하고 미워하는 이들에게 편견을 가지며, 자기가 두려워하고 공경하는 이들에게 편견을 가지며, 자기가 가엽고 불쌍히 이들에게 편견을 가지며, 자기가 거만하게 굴고 소홀히 대하는 이들에게 편견을 갖기 때문이다. 그러므로 좋아하면서도 그의 나쁜 점을 알며 미워하면서도 그의 좋은 점을 아는 자가 천하에 드물다.

所謂齊其家가 在修其身者는 人이 之其所親愛而辟焉하며
소 위 제 기 가   재 수 기 신 자   인   지 기 소 친 애 이 벽 언

之其所賤惡而辟焉하며 之其所畏敬而辟焉하며
지 기 소 천 오 이 벽 언   지 기 소 외 경 이 벽 언

之其所哀矜而辟焉하며 之其所敖惰而辟焉하나니
지 기 소 애 긍 이 벽 언   지 기 소 오 타 이 벽 언

故로 好而知其惡하며 惡而知其美者가 天下鮮矣니라
고   호 이 지 기 악   오 이 지 기 미 자   천 하 선 의

※ **인**(人): 보통 사람. **之**: '~에 대하여' 於와 같음. **벽**(辟): 치우침〔偏〕. **천오**(賤惡):
천시하고 미워함. **외경**(畏敬): 두렵고 공경함. **애긍**(哀矜): 슬프고 불쌍한 마음. **오
타**(敖惰): 거만하고 소홀히 하는 대함. **선**(鮮): 드물다.

사람은 사랑하거나 미워하며, 존경하거나 무시하는 등 다양한 감
정의 소유자들입니다. 유학에서는 이러한 본능에 가까운 감정들이
있음을 충분히 인정합니다. 다만 치우치는 감정이 자신의 본성을 손
상시킬 뿐 아니라 대인관계에서 악영향을 끼친다는 점에 주목합니
다. 치우침은 편애偏愛, 편파偏頗, 편벽偏僻, 편견偏見 등에서 보이듯
어느 한편으로 기울어지는 심리상태입니다. 본문에서 '벽辟'은 임금
이나 잘못 등의 뜻도 있지만, 여기서는 한 방향으로 치우친다는 편偏
의 의미로 쓰입니다. 치우침은 다른 쪽과의 갈등을 낳고 그 갈등의
심화는 전체의 화합을 무너뜨리는 원인이 되곤 합니다. 그래서 치우
친다는 편偏, 한 글자가 수신제가의 실현에 매우 큰 장애거리로 파악
되기도 합니다. 나의 편견은 나 자신에게 그치는 것이 아니라, 나와
관계된 사람들 모두에게 결과적으로 상처를 주기 때문입니다.
『대학』에서 제시된 다섯 가지 편견의 원인은 사랑하는 마음, 미워

하는 마음, 두렵고 존경하는 마음, 불쌍하고 가련히 여기는 마음, 하찮게 여겨 소홀히 대하는 마음 등입니다. 보통 사람이라면 이 마음이 없을 수 없습니다. 문제는 역시 편견에 사로잡힌다는 점입니다. 첫째로 친애親愛하는 마음으로 그 자체는 나쁜 것이 아닙니다. 우리는 사랑하고 좋아하는 상대를 존칭하는 첫마디를 '친애하는 ○○씨'라고 말하기도 합니다. 너무 좋아하는 사람이기에 오직 그 사람만을 위하는 마음이 앞서기기도 하고, 자기 사람이라 믿으면 변함없이 신뢰하는 성향을 보이기도 합니다. 그러나 친애한다는 측면에서 모든 것을 포용해서는 편견에 빠지기 쉽습니다.

예를 들어 부모와 자녀 사이에는 남다른 친밀한 감정이 앞섭니다. 내 부모, 내 자녀가 눈에 먼저 들어오기 마련이기 때문입니다. 그러한 친밀한 자연스런 정감을 잃어버리기에 '부자유친父子有親'이 인륜 도덕의 첫머리를 차지했던 이유이기도 할 것입니다. 그러나 부모가 옳지 못한 일을 했을 경우에 자녀는 어떻게 해야 하는가. 묵인할 것인가, 아니면 시정의 노력을 다해야 하는가. 이러한 상황에서 진정한 효의 마음을 지닌 사람이라면 어떠한 태도를 보여야 하는가? 유학에서는 부모의 잘못에 대해 말하는 것을 '기간幾諫'이라 합니다. 은근하면서도 간절한 마음으로 상황을 고려하여 자주 간청한다는 뜻이지요. 자신과 가장 가까운 사람이라면 더욱 가슴 아프기 마련입니다. 그렇다고 그 잘못마저 감추고 가는 것은 공동체의 윤리에 어긋나는 일입니다.

또한 자녀가 잘못한 일이 있을 경우에도 마찬가지입니다. 잘못됨을 알면서도 제대로 가르치지 않는다면 부모의 책임을 다한다고 볼수 없을 것입니다. 모범적으로 솔선수범하는 부모를 생각하여 '불초자不肖者'라는 말이 사용되기도 합니다. 부모를 닮지 않았다는 죄송스러움의 표현인 것이지요. 이처럼 부모와 자녀사이의 친애하는 감정은 너무도 당연한 것이지만 잘못된 행위마저 친애하려는 편견에 사로잡혀서는 안될 것입니다. 편견의 결과는 한국영화 가운데 '올가미'나 '마더'와 같은 영상을 통해 잘 드러나기도 합니다. 편파적인 시각은 오히려 그 친밀해야 될 관계를 해치는 결과를 초래할 수 있다는 점은 항상 경계할 지점입니다.

둘째로 천시하고 미워하는 천오賤惡의 마음에서 나타나는 편견입니다. 까닭 없이 누군가를 비천하게 여기거나 미워해서는 안된다는 것은 잘 알고 있습니다. 그러나 자신의 우월한 지위를 이용하여 자기 이익만을 도모하려는 사람들도 있습니다. 맹자는 이들의 행태를 '농단壟斷'한다고 지탄합니다. 사적 권력을 이용해 자신의 이익만을 도모한다는 것이지요. 더 큰 피해확산을 막기 위해서라도 그들을 미워할 줄 아는 마음이 필요할 것입니다. 그러나 그러한 사람에게도 가르쳐서 개선할 여지를 남겨두고, 남모르는 장점을 찾으려는 노력도 뒤따라야 할 것입니다. 공자가 말했던 "세 사람이 길을 걸어간다면 그 중에 한 사람은 나의 스승이 있을 것이다."[1]라는 자세라고 할 수 있습니다.

셋째로 두려워하고 공경하는 외경畏敬의 마음에서 비롯되는 편견

---

1. 『논어』「술이」편. "子曰 三人行, 必有我師焉. 擇其善者而從之, 其不善者而改之."

입니다. 가까이 다가서기 부담이 되는 상대가 있습니다. 상대에 대한 공경스런 마음이 없는 것이 아닙니다. 예를 들어 스승에 대한 지나친 공경은 지나친 복종이나 회피로 이어질 수 있습니다. 과공비례過恭非禮! 지나친 공손함은 예가 아니겠지요. 너무 가까이 하거나 지나치게 멀지도 않는 적절한 거리감이 필요합니다. 전통사회에서 두렵고 공경히 해야 할 대상은 군주였습니다. 그러나 군주의 잘못을 바로잡고 그에게 어려운 일을 하도록 직언을 해야 될 경우 줄곧 공경만 하고 두려워할 수만은 없습니다. 말을 해서 안되는 상황에서 말하면 그 말의 가치를 잃는 것이요, 정작 말해야 할 경우에 침묵하는 것은 비겁한 일이기 때문입니다.

넷째로 가엾고 불쌍히 여기는 애긍哀矜의 마음에서 나오는 편견도 있습니다. 예를 들어 장애우를 바라보는 나의 지나친 시선은 상대에게 부담이 되기도 합니다. 이와는 달리 매우 간사스러운 사람을 징계하려고 할 때에 인정상 주저할 때도 있습니다. 그들이 간곡하게 호소하면 관대하게 처벌해 버리는 온정주의에 빠지는 것이지요. 그러나 이것은 더 큰 죄로 확대되는 씨앗이 되기도 합니다. 때로는 과감한 결단과 실천이 필요하기도 합니다.

다섯째로 제멋대로 하거나 상대를 업신여기며 소홀히 여기는 오타敖惰의 마음에서 오는 편견이 있습니다. 때로는 복장이 다소 불량하거나 게으름에 빠질 때도 있겠지요. 내공이 있는 진정한 강자는 어떤 모습을 하던 원래의 위치로 돌아올 힘이 있습니다. 그러나 보통사람의 흉내는 거만해지기 쉽습니다. 그 상태가 지나치면 자기도 모르게 타성에 젖어 상대를 업신여기고 소홀히 대할 수 있습니다. 서서히 교만이라는 편견에 사로잡히는 것이지요. 내가 하는 것은 옳고 남들이 하는 것은 잘못이라는 함정에 빠져드는 것도 이 때문일 것입니다.

『대학』에서는 친애, 천오, 외경, 애긍, 오타 등의 감정이 타자에 대한 그릇된 편견으로 빠지는 것을 경계합니다. 제대로 수신하지 못한 결과이며, 나와 직접적으로 관계된 제가로 이어질 수 없다는 판단입니다. 이 다섯 가지는 각각 대응해야 할 당연한 원칙이 있으니 치우침이 있어서는 안될 것입니다. 예를 들면 사람이 배가 고파서 먹고 싶을 적에는 마땅히 먹어야 하지만 지나치게 먹으면 그것이 바로 치우친 것이고, 갈증이 나서 물을 마실 적에 지나치게 마시면 그것이 바로 치우친 것입니다. 그리고 또 어떤 사람의 착한 점을 사랑할 때에 만약 지나치게 사랑하면 그의 나쁜 점을 알지 못하는데 이는 소중하게 여기는 것으로 인하여 치우치게 되고 만 것입니다. 악을 미워하는 것 역시 그러합니다. 『대학』에서는 그러한 병통을 제거하지 못하는 사례를 첨가합니다.

그러므로 속담에 이런 말이 있다. "사람이 그 자녀의 악함을 알지 못하며, 그 싹의 큼을 알지 못한다." 이것이 몸이 닦이지 않으면 자기 집안을 가지런하게 할 수 없다고 말하는 것이다.

故諺에 有之하니
고 언 유 지

曰 人이 莫知其子之惡하며 莫知其苗之碩이라하니라
왈 인 막 지 기 자 지 악 막 지 기 묘 지 석

此謂身不修면 不可而齊其家니라
차 위 신 불 수   불 가 이 제 기 가

※ **언**(諺): 속담. **막**(莫): 없다. **묘**(苗): 묘, 어린 싹. **석**(碩): 크다.

속담은 누구나가 느끼는 감정을 적절하게 표현하곤 하는데, 경전에서 인용하는 속담 역시 그렇습니다. 자녀의 단점이 있음에도 개선하지 못하거나, 남모를 장점이 있음에도 알지 못한다는 것이지요. 사랑에 지나치게 빠진 사람들은 그 세계가 전부일 경우가 많습니다. 남들이 말하는 장단점이 들어오기 쉽지 않습니다. 관계가 잘 지속되면 더없이 좋겠지만, 그렇지 못할 경우에 모든 것이 흐트러집니다.

> 사랑에 빠진 자는 사리에 밝지 못하고 지나치게 얻기를 탐하는 자는 만족함이 없다. 이것은 편벽됨이 해가 되어 집안이 가지런해지지 않는 까닭이다.[2]

수신은 자신의 수양에서 끝나는 것이 아닙니다. 나와 관계된 주변으로 그 영향력은 확대됩니다. 앞서 자신이 친애하는 사람에게 편견이 있다는 것은 자기 수양이 부족함을 말한 것이며, 속담처럼 자기 자식의 나쁜 점을 모른다는 것은 그러한 마음 때문에 가정의 윤리가 바로잡히지 않게 됨을 말한 것입니다. 오직 한쪽에만 빠지기 때문에 어떤 사람을 좋아하면 그 사람의 나쁜 점을 모르고, 어떤 사람을 미

---

2. 『대학장구』 8장 주석. "溺愛者不明, 貪得者無厭, 是則偏之爲害而家之所以不齊也."

워하면 그 사람의 좋은 점을 모른다는 점에서는 같은 말입니다. 그러나 선후를 따질 때 자신이 수양되지 않았기 때문에 그 결과로 가정의 윤리가 흐트러지는 것입니다. 자녀들의 장단점도 알지 못할 정도로 편견에 휩싸이기 때문이지요. 수신의 확장으로서 제가가 중요한 이유입니다. 우리에게 수신제가나 가화만사성은 결코 낯선 사유가 아닙니다.

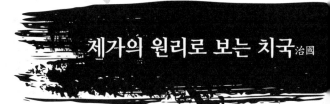

전 9장

체가의 원리로 보는 치국治國

『대학』은 '수신-제가'의 구도처럼 가정과 사회를 하나로 연결시켜 이해합니다. 국가를 가정의 확대로 보는 유사 공동체적 사유입니다. 나라에 임금이 있는 것은 마치 집에 부모가 있는 것과 같다고 보는 것이지요. 그러므로 가정의 화목을 도모하려는 마음가짐으로 사회로 나아갈 것을 주장합니다. 인간관계란 크기의 문제이지 그 이치에 있어서는 하나라는 생각에서 나온 것입니다. 여기서 우리가 주목할 점은 효도孝, 공경悌, 자애慈라는 덕목입니다.

이른바 '나라를 다스리려면 반드시 먼저 자기 집안부터 가지런히 해야 한다'는 말은 자기 집안을 교화하지 못하면서 남을 가르칠 수 있는 사람은 없다는 것이다. 그러므로 군자는 집안을 다스리는 법을 벗어나지 않고서도 나라에서 가르침을 이룰 수 있다. 효도가 임금을 섬기는 법이요, 공경이 어른을 섬기는 법이요, 자애는 대중을 부리는 법이다.

所謂 治國이 必先齊其家者는 其家를 不可教요
소 위 치 국   필 선 제 기 가 자   기 가   불 가 교

而能教人者가 無之하니
이 능 교 인 자   무 지

故로 君子는 不出家而成教於國하나니 孝者는 所以事君也요
고　군자　　불출가이성교어국　　　효자　소이사군야

弟者는 所以事長也요 慈者는 所以使衆也니라
제자　소이사장야　　자자　　소이사중야

※ **사**(事): 섬기다. **제**(弟): 공경할 제(悌)와 같음. **자**(慈): 사랑. 자애.

집에서 부모 섬기기를 효도로써 하는 것이 신하와 백성이 임금과 윗사람을 섬기는 이치이며, 어른에 대한 태도는 가정에서 연장자에 대한 공경에서 비롯된다고 보았습니다. 그리고 집에서 자녀를 사랑하는 마음으로 사람들을 마주 대하라고 권합니다. 이치상 통하기 때문이죠. 다산 정약용의 경우는 이 세 덕목을 『대학』의 핵심이라 단정하는데, 유학에서 지향하는 구체적인 윤리실천 덕목이기 때문입니다.

그러나 가정이나 사회의 규모나 관계가 달라진 오늘의 현실을 고려할 때, 이러한 가치관은 어떤 의미가 있을까요? 가정에서 몸에 익힌 효도孝, 공경悌, 자애慈의 마음이 확대되어 상대에 대한 친밀과 존중, 그리고 포용으로 이어진다는 주장은 우리 시대에는 불필요한 것일까요? 물론 모든 사람들에게 그러한 도덕적 마음을 기대하거나 강요할 수는 없습니다. 다만 자기 자신부터 그 순수한 마음으로 세상과 마주할 것을 권합니다.

『서경』 「강고」편에 '갓난아이를 보호하듯이 하라'는 말이 있다. 정성스런 마음으로 구한다면, 비록 적중하지 못더라도 도리에서 멀지 않을 것이다. 자녀 기르는 법을 배운 다음에 시집가는 사람은 없었다.

康誥에 曰 如保赤子라 하니 心誠求之면 雖不中이나 不遠矣니
강 고 왈 여 보 적 자   심 성 구 지   수 부 중   불 원 의

未有學養子而后에 嫁者也니라
미 유 학 양 자 이 후   가 자 야

※ **강고**(康誥): 『서경』의 편명. **적자**(赤子): 갓난아이. **중**(中): 적중하다. **가**(嫁): 시집
   가다.

'갓난아이 보호하듯'이란 말은 『서경』에서 무왕이 동생인 강숙에게
형벌을 신중히 하면서 선을 추구하라고 권고하면서 했던 말입니다.

  왕께서 말씀하셨다. "아! 봉封아. 형벌에 경중의 질서가 있어야만 형
  벌이 크게 밝혀져 백성들이 죄를 인정하고 복종할 수 있어, 백성들
  이 경계하며 화합에 힘쓸 것이다. 마치 몸에 병이 있는 것처럼 하면
  백성들이 허물을 모두 버릴 것이요, 마치 갓난아이를 보호하듯이 정
  치를 하면 백성들이 편안하여 잘 다스려질 것이다."[1]

  강숙의 이름은 봉封입니다. 무왕은 형벌의 기준과 적용을 엄정하면
서도 공정하게 집행해야 모든 이들의 마음을 얻을 것이라 권합니다.
아울러 악의 경계하고 선을 북돋는 방법을 제시합니다. 마치 자신의
몸에 병이 있듯이 하라는 말은 질병을 제거하는 마음으로 악을 제거
하라는 것입니다. 또한 갓난아이를 보호하는 마음으로 정치를 한다는

---

1. 『서경』 주서(周書)의 강고(康誥)편. "王曰: "嗚呼, 封! 有敍, 時乃大明服, 惟民其
   勅懋和. 若有疾, 惟民其畢棄咎; 若保赤子, 惟民其康乂.""

것은 마치 갓난아이를 보호하는 심정으로 백성들의 선한 마음을 일으키고 보호하라는 것입니다. 위험으로부터 갓난아이를 보호하려는 심정은 보편적인 마음이므로 사람들이 쉽게 이해할 수 있는 비유를 택한 것입니다. 가정에서 아이를 보호하려는 부모의 그 자애로운 마음으로 나라의 정치에서도 그와 같은 선한 마음으로 대중을 부리는 것입니다. 가정을 국가로 확대하여 추론해 가는 것이지요. 마치 갓난아이가 무엇을 바라는지 진심을 다해 알아보려 하듯이, 백성이 자기들의 소원을 위에 알리지 못하는 것이 무엇인지 관심을 기울였을 때 그들의 자발적인 복종을 이끌어낼 가능성이 크다는 것을 뜻합니다.

유학에서는 효도, 공경, 자애의 도리를 자연스러운 마음의 표출로 보았습니다. 억지로 하는 마음은 진정성이 결여되어 있습니다. 예를 들어 울기만 할 뿐 제대로 자기 뜻을 전달할 수 없는 갓난아이의 심리를 정확히 알기란 어려울 경우가 많습니다. 그러나 진정성을 지닌 부모라면 직감적으로 아이가 배고픈지, 기저귀를 갈아달라는 것인지 느낍니다. 모든 상황에 적중하지 않을 수도 있겠지만, 크게 벗어나지는 않을 것입니다. 정성어린 마음으로 바라보면서 그가 원하는 것을 해주려는 따뜻한 마음이 있기 때문입니다. 주자는 교육의 출발지로서 입교立敎의 방법을 다음과 같이 말합니다.

교화를 세우는 근본은 억지로 강요할 필요 없이 그 단서를 알아 미루어 넓히는 것에 달려 있을 뿐이다.[2]

---

2. 『대학장구』 9장 주석. "明立敎之本, 不假强爲, 在識其端而推廣之耳"

아이를 기르는 육아의 모든 과정을 학습해야만 결혼하는 것은 아닙니다. 부모의 자녀에 대한 내리사랑은 본능이기 때문입니다. 관건은 이러한 자연스런 마음의 단서를 알아서 넓히는 확충의 노력에 달려있습니다. 맹자가 자주 말하는 부모의 마음으로 백성을 대하라는 의미도 이와 다르지 않습니다. 윗사람의 마음씀씀이에 따라 아래사람은 직간접적으로 영향을 받기 때문입니다. 원문에서는 이어서 교화의 효과를 말합니다.

한 집안이 어질다면 나라 전체가 어진 마음을 일으키고, 한 집안이 사양하는 마음을 지닌다면 온 나라가 사양으로 넘쳐날 것이다. 반면에 임금 한 사람이 탐욕을 부려 정도에서 어긋나면 온 나라가 어지러워질 것이니, 그 기미가 이와 같다. 이것을 "말 한 마디로 일을 그르치기도 하고, 한 사람이 나라를 안정시킨다"라고 하는 것이다.

一家仁이면 一國興仁하고 一家讓이면 一國興讓하고
일 가 인　　일 국 흥 인　　일 가 양　　일 국 흥 양

一人貪戾하면 一國作亂하나니 其幾如此하니
일 인 탐 려　　일 국 작 난　　기 기 여 차

此謂一言이 僨事며 一人이 定國이니라
차 위 일 언　　분 사　　일 인　　정 국

※ **흥(興)**: 흥기하다. **양(讓)**: 사양하다. **일인(一人)**: 임금. **려(戾)**: 어긋나다. 사납다.
  기(機): 기틀. 기미. **분(僨)**: 그르치다. 실패하다.

효도를 사랑의 마음인 인仁에서 근거를 찾는다면, 공경의 마음은 사양하고 양보하는 배려의 마음이라 할 수 있습니다. 이러한 도덕적 마음은 공동체 전체로 확산되는 출발지입니다. 마치 잔잔한 호수에

돌을 던지면 동심원 모양의 파장이 퍼져나가듯이 말이죠. 물론 멀리 갈수록 그 파장은 약해지겠지만, 그 축이 많아질수록 전체가 질서있는 모양으로 변합니다. 지도자는 그 힘을 받아들이고 적극적으로 이용할 줄 알아야 합니다. 혼자가 아니라 모두의 목소리를 대변하려는 노력에서 진정한 힘이 나오기 때문입니다.

반면에 탐욕스럽고 난폭함은 자애와는 반대의 마음입니다. 군주 한 사람이 탐욕을 부리고 난폭한 짓을 하면 온 나라가 어지러워집니다. 자기수양이 부족한 윗사람의 일처리는 그만큼 파장이 큽니다. 지도자의 마음가짐은 국가의 흥망을 판가름하는 기준이며, 관계망의 중심에 가까이 갈수록 영향력이 커지기 때문입니다. 예를 들어 화살은 기機라고도 일컫는 노아弩牙라는 방아쇠를 통해 발사됩니다. 기틀이란 모든 일이 시작되는 뇌관이자 용수철처럼 튀어나가는 출발선입니다. 마찬가지로 어떤 일의 중심에 선 자의 자세는 항상 신중에 신중을 거듭해야 하는 것입니다.

공자는 정치를 군주가 바람이라면 백성은 풀로 비유하는 말을 했습니다.

계강자가 공자에게 정치에 대해 묻기를 "만일 무도한 자를 죽여서 백성들을 도가 있는 데로 나아가게 한다면 어떻겠습니까?"라고 하니, 공자가 대답하였다.

"그대는 정치를 하면서 어찌 살인의 방법을 쓰려 합니까? 그대가 선하고자 한다면 백성들도 선해질 것입니다. 비유하자면 군자의 덕은 바람이요, 소인의 덕은 풀입니다. 풀에 바람이 불면 풀은 반드시 쓰러집니다."[3]

풀 위에 부는 바람, 즉 '초상지풍草上之風'은 지도자의 모범이 중요함을 말할 때 자주 인용하는 구절입니다. 풀은 바람이 부는 방향으로 쓰러집니다. 윗사람이 어떤 마음을 지니느냐에 따라 아랫사람들의 행동도 영향을 받기 마련이죠. 지도자의 말 한 마디 때문에 일이 그릇되기도 하고, 그 한 사람으로 인해 나라가 안정되기도 합니다. 따라서 지도자에게는 남다른 솔선수범率先垂範의 자세가 요구됩니다. 유학자들이 어질고 사양하는 따뜻한 마음을 지닌 지도자, 즉 요순과 같은 성인을 떠올리는 것도 이 때문입니다. 이어서 군주 한 사람의 마음가짐이 세상을 바로잡을 수 있는 사례가 제시되고 있습니다.

요나 순임금이 인으로써 천하를 이끌자 백성들도 인을 실천하였고, 걸이나 주임금이 난폭한 행위로 천하를 이끌자 백성들도 난폭한 짓을 하였다. 만약 자기가 난폭한 짓을 하면서 백성들에게 인을 실천하라 명령한다면 그들이 따르지 않을 것이다. 그러므로 현명한 임금은 자기가 먼저 선행을 한 다음에 다른 사람들에게 선행을 할 것을 요구하고, 자기에게 악행이 없어야만 다른 사람의 악행을 비판하였다. 자기 몸에 갖춘 바가 다른 사람의 입장을 이해해주는 서恕의 도리를 갖추지 못

---

3. 『논어』「안연」편. 季康子問政於孔子曰: "如殺無道, 以就有道, 何如?" 孔子對曰: "子爲政, 焉用殺? 子欲善, 而民善矣. 君子之德風, 小人之德草. 草上之風, 必偃."

하면서 다른 사람을 설득할 수 있는 경우는 있지 않다. 그러므로 나라를 다스리려면 자기 가정부터 가지런히 해야 한다.

堯舜이 帥天下以仁하신대 而民이 從之하고
요순 솔천하이인 이민 종지

桀紂가 帥天下以暴한대 而民從之하니
걸주 솔천하이포 이민종지

所令이 反其所好면 而民이 不從하나니
소령 반기소호 이민 부종

是故로 君子는 有諸己而後에 求諸人하며
시고 군자 유저기이후 구저인

無諸己而後에 非諸人하나니
무저기이후 비저인

所藏乎身이 不恕요 而能喩諸人者가 未之有也니라
소장호신 불서 이능유저인자 미지유야

故로 治國이 在齊其家니라
고 치국 재제기가

※ **솔(帥)**: 거느리다. **걸주(桀紂)**: 포악한 임금. **포(暴)**: 사납다. 포악하다. **장(藏)**: 감추다. 간직하다. **저(諸)**: ~에게. **서(恕)**: 포용하다. **유(喩)**: 깨닫다.

상대의 입장을 고려하지 않고 나의 주장만이 옳다고 내세우는 것은 폭력과도 같습니다. 자기를 미루어 타인의 처지를 생각하는 서恕의 마음은 그러한 갈등을 해소하는 지름길입니다. 역지사지易地思之의 또다른 표현이죠. 자기 자신에게 철저해야 하는 것은 어느 순간이나 필요한 덕목이고, 지도자의 위치에 다가갈수록 더욱 필요한 자세입니다. 공동체와 진정한 의미에서의 협력을 이루기 위해 자신부터 가다듬는 것입니다.

유학의 전통에서 볼 때 요나 순임금은 내면으로부터 우러나오는 순수한 마음에서 천하를 통치했던 성군이었습니다. 그들의 어진 마음에 백성들도 감화되어 자발적으로 인을 실천하였기 때문입니다. 반면에 폭군의 대명사처럼 사용되는 걸이나 주임금은 권력을 이용하여 제멋대로 국정을 운영하였습니다. 백성들 역시 그 앞에서는 순종했지만 난폭한 짓을 서슴지 않았습니다. 그들은 본능처럼 자신들이 하고 싶은 일에 충실했습니다. 자신들이 내린 명령이 바로 그들이 좋아했던 것입니다. 백성들은 그들이 의도했던 것 이상으로 재빨리 움직입니다. 지도자의 마음가짐에 따라 그 효과가 달랐던 것이지요. 주자는 말합니다.

> 자신에게 선함이 있고 난 다음에 남들의 선함을 책할 수 있고, 자신에게 악함이 없은 다음에야 남들의 악을 바로잡을 수 있다. 자신을 미루어 남들에게까지 미치는 것이 이른바 서恕이다. 이와 같지 않다면 명령하는 바가 그 자신이 좋아하는 것에 반대되므로 백성들이 따르지 않을 것이다.[4]

결국 문제의 핵심은 자기 자신에게 달려 있습니다. 타자를 포용하는 서恕는 제가에서 치국으로 나아가는 효과적인 방법입니다. 그러나 일반 사람은 자기에게 선행이 있더라도 다른 사람에게 반드시 동

---

4. 『대학장구』 9장. "有善於己, 然後可以責人之善; 無惡於己, 然後可以正人之惡. 皆推己以及人, 所謂恕也, 不如是, 則所令反其所好, 而民不從矣."

일한 형식의 선행을 강요할 수는 없습니다. 오히려 자신에게는 엄격하고 다른 사람은 가볍게 훈풍처럼 대하는 대인춘풍待人春風 지기추상持己秋霜의 자세가 보다 설득력 있게 다가설 수 있습니다. 예나 지금이나 책임을 감당할 수 있는 자라야 그 자리에 적임자라는 의식이 필요합니다. 그렇다면 나를 미루어 남들에게 미치려는 추기급인推己及人의 자세는 어떻게 나오는 것일까요? 먼저 자기 자신부터 순수하고 깨끗한 마음의 소유자여야 합니다. 티없이 맑은 자연스런 마음이 쌓여지고 솟구쳐 나와야 주변의 공감을 얻을 수 있기 때문입니다. 『대학』에서는 제가와 치국의 관계를 다음과 같이 3편의 시로써 마무리 합니다.

『시경』에 "복숭아꽃의 앳되고 아름다움이여, 그 잎마저 무성하도다. 이 아가씨 시집감이여, 그 집안사람들과 화목하게 잘 지내겠구나." 라고 하였으니, 그 집안사람들에게 잘한 다음에야 나라 사람들을 교화시킬 수 있다.

詩云 桃之夭夭여 其葉蓁蓁이로다
시 운 도 지 요 요   기 엽 진 진

之子于歸여 宜其家人이라하니
지 자 우 귀   의 기 가 인

宜其家人而后에 可以敎國人이니라
의 기 가 인 이 후   가 이 교 국 인

※ **시(詩)**:『시경』주남의 도요(桃夭)편. **요요(夭夭)**: 작고 아름다운 모양. **진진(蓁蓁)**: 아름답고 성대한 모양. **지자(之子)**: 시집가는 저 아가씨를 가리키는 말. **귀(歸)**: 본래의 자리로 되돌아가다. **의(宜)**: 좋다.

복숭아꽃의 아름다움을 노래한 시는 문왕의 교화가 집안으로부터 나라에까지 두루 미쳐서 화목한 가정을 이룰 것을 기대하는 것입니다. 모두 3단락으로 구성되었는데, 위에서 인용한 시는 세 번째 단락입니다.[5]

복숭아꽃의 앳되고 아리따움이여
눈부시게 피어오른 꽃이로다.
이 아가씨 시집감이여
그 집안사람에게 잘하겠구나.

복숭아꽃의 앳되고 아리따움이여
열매가 가득하도다.
이 아가씨 시집감이여
그 집안사람에게 잘하겠구나.

복숭아꽃의 앳되고 아리따움이여
그 잎사귀 무성하구나.
이 아가씨 시집감이여
그 집안사람에게 잘하겠구나.

---

5. 『시경』周南 國風의 '桃夭'편. "桃之夭夭, 灼灼其華. 之子于歸, 宜其室家; 桃之夭夭, 有蕡其實. 之子于歸, 宜其家室; 桃之夭夭, 其華蓁蓁. 之子于歸, 宜其家人."

시댁 식구들과 화목을 기원하는 아리따운 신부에 대한 기대감이 잘 묻어납니다. 이어지는 시는 피를 나눈 친족 사이의 정을 노래합니다.

『시경』에 "형에게 마땅하고 동생들에게 마땅하게 지내는구나" 라고 하였으니, 형제가 잘 지낸 다음에야 나라의 사람들을 교화시킬 수 있다.

詩云 宜兄宜弟라하니
시 운 의 형 의 제

宜兄宜弟而后에 可以教國人이니라
의 형 의 제 이 후   가 이 교 국 인

※ 시(詩): 『시경』 소아의 로소(蓼蕭) 편. 의(宜): 잘 지내다.

언뜻 보기에 가정에서 형제간의 우애를 말하는 것 같지만, 당시의 상황을 고려할 때 제후들 사이의 조화로운 관계를 뜻합니다. 관련된 원문의 내용은 다음과 같습니다.

높이 자라난 저 다북쑥

떨어진 이슬에 흠뻑 젖어있네.

이미 군자를 만나 보았으니

성대하게 잔치하여 즐기노라.

형에게 마땅히 하고 아우에게 마땅하니

착한 덕으로 오래 살고 즐거우리라.[6]

---

6. 『시경』 소아(小雅)의 요소(蓼蕭)편. "蓼彼蕭斯, 零露泥泥. 旣見君子, 孔燕豈弟. 宜兄宜弟, 令德壽豈."

사방에서 모여든 제후들이 천자께 조회하면서 성대하게 잔치를 여는 모습입니다. 영롱하게 맺힌 이슬처럼 천자의 은택이 골고루 미치고 있음을 칭송하면서 서로 즐거워합니다. 친족들에게 토지를 분배하여 통치를 맡기던 봉건사회에서 천자를 중심으로 하는 제후들끼리의 화합은 중요한 일입니다. 따라서 제후들끼리 형과 동생의 관계처럼 서로 잘 지내는 것을 바람직하게 여겼던 것입니다. 오늘날 가정에서의 우애와는 다른 맥락입니다. 그러나 형제끼리 우애하며 지내는 것은 제가齊家와 치국治國를 관통하는 길입니다.

『시경』에 "그의 몸가짐이 어긋난 것이 없으니 사방의 나라를 바로잡을 수 있도다"라고 하였으니, 그들 부자와 형제의 행동이 본보기가 될 수 있어야만 백성들이 그를 본받는 것이다. 이것이 "나라를 다스림이 자기 집안을 가지런하게 함에 달려 있다"라고 말하는 것이다.

詩云 其儀不忒이라 正是四國이라하니
시 운 기 의 불 특　　정 시 사 국

其爲父子兄弟에 足法而后에 民法之也니라
기 위 부 자 형 제　족 법 이 후　　민 법 지 야

此謂治國이 在齊其家니라
차 위 치 국　재 제 기 가

※ **시**(詩):『시경』조풍(曹風)의 시구(鳲鳩) 편. **의**(儀): 몸가짐. **특**(忒): 어긋나다.

'뻐꾸기鳲鳩라는 시는 모두 4장으로 구성되었는데, 위에서 인용한 것은 그 중 3번째 단락입니다.

뻐꾸기 뽕나무에 있고

그 새끼들은 개암나무에 있다네.

착하신 군자여, 그 몸가짐 사특하지 않으니

이 사방의 나라를 올바르게 하리라.[7]

뻐꾸기는 개개비나 붉은머리오목눈이와 같은 다른 새의 둥지에 몰래 알을 낳아 대신 기르게 하는데 이를 탁란托卵이라 말합니다. 일찍 부화한 뻐꾸기 새끼는 본래의 알을 둥지 밖으로 밀어 떨어뜨리는 것으로 삶을 시작합니다. 이를 감지하지 못하는 숙주는 제 새끼를 모두 죽인 저보다 큰 뻐꾸기 새끼를 온갖 힘을 기울여 기릅니다. 얄밉고도 슬픈 일이지요. 남의 둥지에 알을 낳고 대신 키우게 하는 뻐꾸기의 특성을 생각할 때 이 시의 의미는 분명하지 않습니다. 그러나 반면교사로 몸가짐을 반듯이 하는 군자라야 모든 나라사람들을 바르게 할 수 있다는 것으로도 이해됩니다. 이제 세 편의 시를 연속해서 보도록 하겠습니다.

1) "복숭아꽃의 앳되고 아리따움이여, 눈부시게 피어오른 꽃이로다. 이 아가씨 시집감이여, 그 집안사람들과 화목하게 잘 지내겠구나."

2) "형에게 마땅하고 동생들에게 마땅하게 지내구나"

---

7. 『시경』 조풍(曹風)의 시구(鳲鳩)편. "鳲鳩在桑, 其子在棘. 淑人君子, 其儀不忒. 其儀不忒, 正是四國."

3) "그의 몸가짐이 어긋난 것이 없으니 사방의 나라를 바로잡을 수 있도다."

자기 집안을 잘 다스리는 것이 안정된 국가로 확장된다는 점에서 세 편의 시는 일관됩니다. 봉건질서를 유지했던 당대 사회를 고려할 때 여러 부인들 그리고 형제간의 반목과 질시가 무성하기 마련인 현실에서, 가족의 화목이나 위계질서를 바로 세우는 것은 쉽지 않았을 것입니다. 그러나 이 역시 나라 사람들을 교화시키는 출발지입니다. 사람들이 가지고 있는 마음은 모두 비슷하기 때문입니다. 제가가 있은 다음에 치국이 있다는 논리는 치국을 위한 선결조건으로서 제가의 필요성을 재삼 강조하는 것입니다.

이제 마지막 평천하를 남겨놓고 있습니다.

傳

전 10장

천하를 평화롭게 하는
혈구지도 絜矩之道

大學

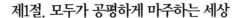

제1절. 모두가 공평하게 마주하는 세상

『대학』의 마지막은 천하를 평화롭게 하려는 마음으로 끝맺습니다. 여기서 천하는 하늘 아래 모든 사람을 통틀어 말한 것으로 그 중심에 있는 천자를 연상케 하지만, 본문의 내용을 볼 때 평平자의 의미는 반드시 최고 권력자를 위한 통치술을 의미하지는 않습니다. 평평하다는 평平 자에는 드넓은 평야平野처럼 굴곡지지 않는다는 평탄平坦의 뜻은 기본이고, 심리적 평안平安이나 평화平和, 태평太平 또는 보통이라는 의미에서 평범平凡이나 평이平易하다는 말로도 쓰입니다. 또한 평平 자에는 잘못된 것을 바로 잡는다는 평정平正의 뜻도 있어서 모든 것을 평정하는 천자의 힘을 연상케도 합니다. 평平 자의 부수가 방패 간干인 것을 생각할 때, 방패와 같은 무기나 권력을 사용하여 잘못된 것을 올바르게 잡아 평화를 유지한다는 말에서 유래되었다고 볼 수도 있습니다. 이렇게 평平 자에 대한 다양한 의미를 생각하는 것은 그 어디에도 자신의 힘을 과시하거나 마음대로 하려는 패권주의적 성격을 찾아볼 수 없기 때문입니다. 우리가 평천하를 오해하고 있었던 것입니다.

사실 평平 자는 물 위에 떠다니는 개구리밥 같은 물풀 모양으로, 특정한 곳에 치우치지 않고 물결치는 대로 떠도는 부평초泙에서 나온 말입니다. 이런 맥락에서 평천하란 어떠한 권력의 힘에 의존하거나 개인적인 욕망에 사로잡히지 않고, 물 흐르듯 자연스럽게 천하 모든 이들이 안심하고 살아갈 수 있도록 공평무사하게 대우한다는 뜻을 지닙니다. 평천하를 말하는 입장에 있다면 앞서의 제가나 치국보다도 이미 훨씬 더 넓은 인간관계망의 중심에서 서있는 것입니다. 여기서 그가 행해야 될 진정한 평화란 모든 이들에게 치우침 없이 골고루 혜택이 돌아갈 수 있는 공평한 자세에 달려 있습니다. 진정한 평화는 나의 욕망을 충족시키려는 것이 아니라, 상대가 원하는 것을 만족시켜 주면서 모두가 행복해지는 세상을 만들어가려는 노력에서 비롯되기 때문입니다.

천하를 평화롭게 하려는 통치원리로서 그 안에 담아야 될 지침 역시 광범위하므로, 앞서『대학』의 모든 조목을 모두 합친 것보다 분량이 많습니다. 그러나 천하를 평화롭게 하려는 지도자에게 요구하는 것 역시 그 시작은 도덕적 마음에서 벗어난 것이 아니라는 점을 강조합니다. 타인을 내 몸처럼 여기는 그 마음이란 타자를 나처럼 생각하고 그들의 처지를 헤아린다는 '혈구지도絜矩之道'로 표현됩니다. 혈구지도는 평천하를 넘어『대학』을 대표하는 핵심어이기에 중요한 개념이므로 먼저 혈구지도의 의미부터 알아보도록 하겠습니다.

이른바 '천하를 평화롭게 하는 것이 그 나라를 다스림에 있다'는 것은 윗사람이 자신의 노인을 노인답게 대접함에 백성이 효심을 일으키며,

윗사람이 어른을 어른답게 대우함에 백성이 공손한 마음을 일으키며, 윗사람이 고아를 불쌍히 생각함에 백성이 배반하지 않는 것이다. 그러므로 군자는 타인의 마음을 자로 헤아리는 도리가 있느니라.

所謂平天下가 在治其國者는 上이 老老而民이 興孝하며
소 위 평 천 하   재 치 기 국 자   상   노 로 이 민   흥 효

上이 長長而民이 興弟하며 上이 恤孤而民이 不倍하나니
상   장 장 이 민   흥 제   상   휼 고 이 민   불 배

是以로 君子가 有絜矩之道也니라
시 이   군 자   유 혈 구 지 도 야

※ 상(上): 윗사람. 휼(恤): 긍휼히 여김. 배(倍): 배반하디. 비(背)와 같음. 혈(絜): 헤아린다. 잴 탁(度)과 같음. 구(矩): 직각을 재는 자.

주변 사람을 자기처럼 사랑하라는 말은 보편적인 황금률입니다. 공자의 "자기가 하기 싫은 일을 남에게 떠넘기지 말라"는 언급도 예외가 아닙니다. 처지를 바꾸어 생각하는 역지사지易地思之의 마음으로 타인을 이해하고 배려하는 마음이 있을 때 건강한 공동체가 유지되기 때문입니다. 특히 지도자의 모범적 행위는 다른 사람으로 하여금 타율이 아닌 자발적 행위로 이끄는 계기가 됩니다. 『대학』에서도 그 점을 간과하지 않습니다.

윗자리에 있는 사람이 자기의 늙은 어버이에 대해 효도의 마음을 지닌다면 백성들이 본받아 그들의 부모에게 효도하는 마음을 일으킬 것입니다. 윗자리에 있는 사람이 자기의 어른을 존경하면 백성들이 본받아 그들의 어른을 공경히 대하는 마음을 일으킬 것입니다. 또한 윗자리에 있는 사람이 의지할 데 없는 고아들을 불쌍히 여겨 돌봐주는 자애로운 마음이 있다면 백성들이 쉽게 배반하지 않을 것입니다.

인간인지라 느끼는 같은 마음을 서로 미루어 나가기 때문에 그런 것입니다. 윗사람의 행위는 아래 사람의 모범이 됩니다上行下效. 즉 윗사람이 지닌 효도, 공경, 자애의 마음과 실천이 있다면 행복 바이러스처럼 자연스럽게 주변 사람들을 감화시키는 원천적 힘이 된다는 것입니다. 여기서 타율적 강제보다는 자발적 수용을 강조하는 유학적 사유를 또다시 확인할 수 있습니다.

그렇다면 앞서 국가를 다스림에 필요한 덕목으로 말했던 효도, 공경, 자애의 마음을 천하를 평화롭게 하는 덕목으로 다시금 제시한 이유는 무엇일까요? 사람 마음이란 별반 차이가 없다는 생각 때문입니다. 누군가 나에게 잘 대해 주는데 친근감을 느끼고, 내가 어려울 때 도와주는 사람에게 고마움을 느끼게 마련입니다. 이러한 마음은 어떤 특정 국가에서만 통용되는 것이 아니라 그 범위를 세계로 확장했을 때도 마찬가지입니다. 각 문화에 따라 정도의 차이가 있을 뿐 사람이 살아가는 이치는 크게 다르지 않음을 느끼곤 합니다. 그러므로 누구나 그러한 인간적 마음이 자연스럽게 펼쳐지도록 제도적 장치를 마련하여 실망하지 않는 정치가 필요합니다. 기껏 착한 마음만 흥기시켜 놓고 정작 그들의 소원을 이루도록 해주지 않는다면 헛된 일입니다. 마음만으로 끝날 일이 아닙니다.

맹자가 말했듯 항산恒産과 항심恒心의 병행, 즉 도덕적 마음을 갖게 하는 것도 중요하지만 동시에 일정한 생업을 가질 수 있도록 해주는 환경이 뒤따라야 할 것입니다. 예를 들어 행정절차를 까다롭게 하거나 과도한 세금징수는 가계에 직접적인 영향을 주어 생업에 지장을 초래할 것입니다. 유학에서 바람직한 정치란 부모 봉양이나 자식 사랑이 소중하다면 그 마음을 현실화시킬 수 있는 제도적 방안을 구체적으로 제시하도록 노력하고 실현시켜 나가는 데 있다고 봅니다. 일종의 공감과 책임의 정치인 셈입니다. 자기만 그렇게 하고 다른 사람은 그렇게 할 수 없다면 균평하지 못하기 때문이죠. 내가 아닌 우리 모두가 그렇게 되도록 나의 마음을 확장시켜 나가야 합니다. 도덕적 마음으로 공감하고 소통하며 살고 싶다는 점에서 사람이란 모두 같기 때문입니다. 『대학』에서는 바로 그 점을 혈구지도絜矩之道로 제시합니다.

평천하에서 언급하고 있는 혈구지도는 『대학』의 핵심 개념입니다. 혈絜은 재거나 헤아린다는 뜻입니다. 어떤 대상을 객관적으로 이해하려면 기준이 있어야 하는데, 그 기준의 하나로 자를 사용하기도 합니다. 키를 잴 때 사용하는 자나 몸무게를 잴 때의 체중계가 필요한 것과 같습니다. 혈구에서 구矩는 모서리의 각진 부분을 재는 자를 뜻합니다. 자로 헤아린다는 것은 상황에 맞게 분명하고 합당한 대응을 한다는 의미합니다. 마치 구라는 자로 헤아려 만들고 싶은 물건을 만들 듯이, 지도자에게는 모든 사람들에게 만족을 줄 수 있는 방안이 있어야 한다는 것이지요.

이때 대상이나 사태를 판단하고 대처하는 기준은 어디에서 찾을 수 있을까요? 내적인 마음인가, 아니면 외부 상황인가? 즉 기준이 되는 잣대인 구矩를 무엇으로 보느냐의 문제인데, 상황에 따라 적절하게 대응하는 것은 공평무사한 우리의 마음에서 비롯됩니다. 따라서 평천하의 이상을 실현하려는 지도자는 혈구지도와 같은 도덕적 잣대를 자기 마음 속에 확고히 지녀야 실천적 힘을 발휘할 수 있습니다. 유학에서는 인간을 본래 선의 가능성을 지닌 존재로 봅니다. 그러므로 혈구지도는 사람이라면 모두 공유하고 있는 그러한 도덕감정을 지칭합니다. 길이나 무게를 측량할 때 사용하는 기준인 Cm나 Kg처럼 보편적으로 통용되는 척도의 기준이 있듯이 인간의 마음에는 세상과 소통할 수 있는 도덕적 힘이 있는 것입니다. 그러나 내면의 도덕성으로서 혈구지도는 다소 막연하므로 이어지는 문장에서 그 의미를 보다 구체적으로 설명하고 있습니다.

윗사람에게 싫던 것으로 아랫사람을 부리지 말며 아랫사람에게 싫던 것으로 윗사람을 섬기지 말며, 앞사람에게 싫던 것으로 뒷사람을 선도하지 말며 뒷사람에게 싫던 것으로 앞사람을 따르지 말며, 오른쪽 사람에서 싫던 것으로 왼쪽 사람을 교제하지 말고 왼쪽 사람에게 싫던 것으로 오른쪽 사람을 교제하지 말라. 이것을 혈구지도라 말한다.

所惡於上으로 毋以使下하며 所惡於下로 毋以事上하며
소 오 어 상   무 이 사 하   소 오 어 하   무 이 사 상

所惡於前으로 毋以先後하며 所惡於後로 毋以從前하며
소 오 어 전   무 이 선 후   소 오 어 후   무 이 종 전

所惡於右로 毋以交於左하며
소 오 어 우   무 이 교 어 좌

所惡於左로 毋以交於右가 此之謂絜矩之道니라
소 오 어 좌   무 이 교 어 우   차 지 위 혈 구 지 도

※ **선(先)**: 선도하다. **무(毋)**: 강한 금지사.

혈구絜矩의 의미를 구체적인 사례를 통해 다시 설명하고 있습니다. 이해를 돕기 위해 다시 설명하고는 있지만, 다소 추상적이어서 어렵

기는 마찬가지입니다. 우리가 만나는 혹은 만나야 될 모든 사회조직이나 구성원을 염두에 두고 각각의 경우에 맞는 마땅한 도리가 무엇인지를 총체적으로 말하려는 의도가 있기 때문입니다. 과연 이 모든 세상을 하나로 관통하는 처신의 도리가 있을까요?

『대학』의 저자는 상하, 전후, 좌우의 6가지 경우에서 올바른 관계를 모색합니다. 먼저 상하관계입니다. 윗사람이 자신에게 무례하게 굴었던 것을 기억한다면, 상황이 바뀌어 내가 그 위치에 있을 경우에 아랫사람의 마음을 헤아려 그들을 무례하게 대하지 않는 것입니다. 지금 당장은 지위 때문에 불만을 털어놓지 못할지라도 아랫사람의 마음도 예전의 나와 크게 다르지 않을 것입니다. 무례했던 윗사람을 탓하기에 앞서 과연 나는 어떠한가에 대한 반성인 셈입니다. 또한 아랫사람이 나에게 어떤 불손한 행동을 보였을 경우라면 반드시 이 마음으로 윗사람의 마음을 헤아려 충심을 다해 일처리를 해야 합니다. 혹시라도 자신의 불손한 행동으로 갑갑함을 느꼈을 윗사람의 마음을 헤아려 보는 것입니다. 충심을 다하지 못하는 아랫사람을 탓하기보다는 현재의 나는 과연 윗사람을 제대로 모시고 있는가라는 자기반성이 필요합니다.

이처럼 윗사람이 아랫사람을 또는 아랫사람이 윗사람을 대하는 자세에서 그 어떤 경우라도 치우치지 않고 공평함을 유지해야 합니다. 상하관계가 반드시 요즈음 쓰이는 '갑을甲乙' 관계처럼 단절된 모습만 있는 것은 아닙니다. 어느 누구도 처음부터 그러지는 않았을 것입니다. 문제는 개구리 올챙이 적 생각 못한다고 갑질에 익숙해져 상대에 대한 최소한의 예의마저도 망각하는데서 비롯됩니다. 짜증나지만 어쩔 수 없이 따라야 되는 현실이라 생각하지만, 시간이 지나면 어느 순간 자신 역시 그 모습을 닮아가기 쉽습니다. 관행이라는 이름으로 자행되는 은밀한 폭력에 동참하는 것이지요. 그 잘못된 되물림을 끊기 위해서는 현재의 자신보다 아랫사람의 처지를 배려하고 존중하는 마음이 필요합니다.

상호관계라는 측면에서 아랫사람의 처신도 이와 다르지 않습니다. 예를 들어 자신의 직분에 충실하지 못하다면 전체 조직에 피해를 주기 마련입니다. 그런 아랫사람을 지켜보는 윗사람의 마음은 답답할 것이고 사람을 잘 뽑아야 한다는 생각이 절로 생길 것입니다. 그러나 어떤 일이든 믿고 맡길만한 적임자를 구하기란 쉽지 않습니다. 바로 이 지점에서 자신 역시 현재의 윗사람에게 실망을 주지 않도록 충실을 다하려는 마음을 다져야 할 것입니다. 이처럼 혈구지도의 의미는 윗사람의 어떤 행위를 싫어하였을 경우에 그러한 자세로 아랫사람을 부리지 말며, 내가 아랫사람의 어떤 행위를 싫어했을 경우에 그러한 자세로 윗사람을 섬기지 말라는 상하관계의 중층적 구도에서 적용될 수 있습니다.

이러한 상호관계는 가정에서도 마찬가지입니다. '너는 네 딸을 생각하지만 나는 내 딸을 생각한다'는 어떤 광고처럼 인간은 연속적 관계 속에 살아갑니다. 부모는 나보다 위에 있지만 나의 자녀들은 나보다 아래에 있습니다. 훗날 자녀들이 나에게 효도하기를 바라면서 정작 나 자신은 효도하지 못하거나, 부모가 나에게 자애롭게 대우해주기를 원하면서도 막상 내 자녀들에게는 따뜻한 말 한마디 건네지 못하는 경우도 있습니다. 유학에서 강조하는 효의 정신에는 자녀의 부모에 대한 효도와 부모의 자녀에 대한 자애로운 사랑의 마음이 동시에 내포되어 있습니다. 이를 바탕으로 오륜의 하나로 제시된 부자유친父子有親, 즉 부모와 자녀 사이의 친밀함이 형성되는 것입니다. 그 상호관계의 중심에 바로 자기 자신이 있습니다. 일방적인 행동은 공평하지 못합니다. 균형을 이루어야 될 저울추가 어느 한 편으로 기울어진 것입니다. 『대학』의 설명대로라면 공평한 마음인 자矩로 상황을 헤아리는絜 혈구絜矩의 정신에 위배됩니다.

전후前後와 좌우左右로 보는 시공간적 인간관계 역시 마찬가지입니다. 앞세대에 했던 어떤 사람의 행위를 싫어했을 경우에 그러한 자세로 뒷세대를 이끌지 말며, 후대의 어떤 행위가 싫어했을 경우에는 그러한 자세로 앞세대를 따라가서는 안될 것입니다. 예를 들어 남들의 공로를 가로채며 앞서 나가거나, 자신이 맡은 일을 슬그머니 떠넘기며 뒤따라가면서 숨는 사람을 좋아할 리는 없을 것입니다. 나아갈 때는 나아가고 물러설 때는 물러설 줄 아는 자세가 필요합니다.

시공간의 차이를 넘어서 폭넓은 시각에서 혈구의 정신이 필요합니다. 천지를 하얗게 뒤덮인 눈을 밟으며 지은 「답설踏雪」이란 시가 이런 마음을 대변합니다.

눈 덮인 들판을 걸을 때	踏雪野中去
함부로 어지럽게 가지마라	不須胡亂行

오늘 내가 남긴 발자국이　　　今日我行績

뒷사람의 이정표가 되리니　　　遂作後人程

　갈수록 함부로 해서는 안 될 일들이 많아집니다. 그만큼 성숙해진
다는 증거입니다. 또한 귀찮은 일이 있을 때 좌우에 있는 누군가 하
겠거니 생각하고 눈감아버리는 얌체같은 행동도 있습니다. 그러나
자기도 싫은 일은 남들도 싫은 법입니다. 새는 양쪽 날개로 날듯이
좌우가 균형이 잡혀야 합니다. 잘못된 행동을 알면서도 자신 역시 그
대로 따라하거나 책임전가를 해서는 안될 것입니다. 이 모두가 공평
하지 못하고 기준없는 행동입니다. 세상을 공평무사하게 자로 재는
듯한 우리 마음 속의 혈구지도絜矩之道를 망각하기 때문입니다.
　상하, 전후, 좌우 그 모든 인간관계에서 두루 통할 수 있다는 것은
우리 모두는 동일한 마음을 지녔다는 생각에서 비롯됩니다. 내가 좋
거나 싫으면 상대방 역시 좋거나 싫어할 것이라고 짐작하는 것은 피
차 같은 인간적 마음을 지녔다는 믿음에서 출발합니다. 여기서 같다
는 것은 생물학적 차원을 넘어서 서로 이해하고 소통할 수 있는 도덕
적 마음을 의미합니다. 따라서 동일한 그 마음을 헤아리고 적절하게
반응하는 자세가 필요합니다. 역지사지易地思之도 비슷한 의미입니
다. 그러나 혈구지도는 상대를 의식하고 그들의 처지에서 이해하려
는 적극적 노력이 수반된다는 점에서 차이가 있습니다. 동일한 값으
로 대응하려는 균분均分의 정신이 있기 때문입니다. 받은 것은 많은
데 상대적으로 주는 것이 적다면 형평성에 어긋납니다. 효도와 자애

가 맞물려 있고, 권리와 책임이 동시에 있는 것입니다. 그렇다고 1대 1의 산술적 평균을 의미하지는 않음은 물론입니다. 같은 자리에 처했을 때 나는 다른 행동을 보여주면서 그 상황에 가장 합당한 행동을 하면 될 것입니다.

이처럼 혈구는 상하, 선후, 좌우에 있는 모든 사람의 심정을 이해하고 그에 상응하는 역할을 다하려는 적극적 자세입니다. 가정이나 사회에서 자기가 처한 위치에 따라 그 마음은 달라질 수 있습니다. 천하를 평화롭게 하려는 포부를 지닌 이들의 마음자세는 남달라야 함은 당연합니다. 그러나 지위에 관계없이 어느 한 쪽에 치우치지 않고 공평무사한 마음가짐이 필요하다는 점은 변함이 없을 것입니다. 오히려 최고의 정점에 가까이 다가갈수록 자신에 대한 도덕적 엄밀성이 요구됩니다. 그리고 무엇보다도 그 선택의 중심에 자기 자신이 있음을 아는 자세가 필요합니다. 아무리 천하를 평화롭게 하려는 이상을 추구하더라도 그 출발은 자신의 올바른 마음가짐에서 비롯됩니다.

이어서 『대학』의 저자는 『시경』 3구절을 소개하면서 지도자에게 있어 혈구의 마음이 얼마나 중요한가를 설명하고 있습니다. 첫 번째 시는 긍정적 측면에서, 두 번째 시는 부정적 결과를, 그리고 세 번째 시에서는 합리적인 선택을 하라고 권유하고 있습니다.

(1) 『시경』에서 "즐거우신 군자여, 백성의 부모로다"고 말하였으니, 백성이 좋아하는 것을 좋아하고 백성이 싫어하는 것을 싫어한 것이다. 이것을 백성의 부모라 말한다.

詩云 樂只君子여 民之父母라하니 民之所好를 好之하며
시 운 낙 지 군 자 민 지 부 모   민 지 소 호   호 지

民之所惡를 惡之가 此之謂民之父母니라
민 지 소 오   오 지   차 지 위 민 지 부 모

※ **시**(詩): 『시경』 「소아」의 남산유대(南山有臺) 편. **지**(只): 어조사.

유학에서의 진정한 왕의 역할은 부모의 자녀에 대한 관심처럼 백성들의 좋아하고 싫어함을 함께 하는 것입니다. 왕도정치王道政治가 바로 그것입니다. 백성 위에 군림하려는 왕의 모습이 아닙니다. 백성이 좋아하는 일은 임금도 좋아하며 기꺼이 같이 하고, 백성이 싫어하는 일은 임금도 싫어하여 없애주려는 노력을 다해야 한다는 것입니다. 배불리 먹고 따뜻한 곳에서 편안하게 즐기려는 백성들의 요구를 채워주려 노력하며, 굶주리거나 추위에 고통받는 백성들이 없는 정책을 시행해야 할 것입니다.

군자는 인격적으로 훌륭한 사람이거나, 그 덕성을 발휘할 수 있는 일정한 지위가 있는 왕이나 군주를 가리키기도 합니다. 그러나 이 시에서 말하는 군자는 현명한 이들을 지칭하는 것으로 그들을 빈객으로 모시고 잔치하면서 그들의 만수무강萬壽無疆을 축원하는 내용입니다. 시의 원문은 다음과 같습니다.

남산에 가죽나무
북산에 오얏나무
즐거우신 군자여
백성의 부모로다

즐거우신 군자여

덕음德音이 끊이지 않으리[1]

맹자도 백성과 함께 호흡하려는 여민동락與民同樂의 자세를 지닌
자가 진정한 백성의 부모라 말합니다. 동시에 그것은 자신을 믿고 따
르는 백성들의 호응에 대한 왕의 정당한 책무이기도 합니다. 『대학』
에서는 백성들의 좋아하고 미워하는 마음을 이해하고 그들이 원하는
것을 해주려는 것 역시 혈구지도를 실천하는 하나의 방법으로 보고
있습니다.

(2) 『시경』에서 "깎아지른 저 남산이여 돌들이 높이 솟아있구나. 빛나
신 윤씨여 백성들이 모두 그대를 지켜보고 있다"고 말하였다. 나라를
소유한 자는 신중하지 않을 수 없으니, 치우치면 천하 사람에게 죽임
을 당하리라.

詩云 節彼南山이여 維石巖巖이로다
시 운 절 피 남 산   유 석 암 암

赫赫師尹이여 民具爾瞻이라하니
혁 혁 사 윤   민 구 이 첨

有國者 不可以不愼이니 辟則爲天下僇矣니라
유 국 자 불 가 이 불 신   벽 즉 위 천 하 륙 의

※ **시**(詩): 『시경』 소아의 절남산(節南山)편. **절**(節): 깎아지를 듯 높고 큰 모양. 절(截)
과 같음. **혁**(赫): 빛나다. **사윤**(師尹): 주나라 태사인 윤씨를 가리킴. **이**(爾): 너. **첨**
(瞻): 쳐다보다. **벽**(辟): 허물, 치우치다. **륙**(僇): 죽이다, 륙(戮)과 같은 글자.

---

1. 『시경』 소아(小雅) 남산유대(南山有臺). "南山有杞, 北山有李. 樂只君子, 民之父
母. 樂只君子, 德音不已."

앞의 시는 혈구의 정신을 제대로 발휘해서 백성의 부모로 칭송받는 경우라면, 반면에 위 시는 혈구의 자세를 지키지 못하여 비롯되는 부정적 사례를 거론하고 있습니다. 어리석은 유왕幽王을 풍자한 것으로 알려진 '우뚝하게 솟은 남산節南山'이란 시의 원문은 다음과 같습니다.

우뚝하게 솟아 있는 저 남산이여

바위들이 첩첩이 쌓여있도다

빛나신 태사 윤씨여

백성들이 모두 그대를 우러러 본다네

불타오르듯 걱정스런 마음에도

두려워 감히 농담도 못한다네

나라가 마침내 망하게 생겼는데

어찌 살펴보지 아니하는가[2]

높이 솟아있는 남산의 바위들은 멀리서도 보이듯이, 태사라는 높은 지위에 있던 윤씨의 악행 역시 속속들이 노출되기 쉽습니다. 그런데도 유왕은 윤씨를 신임하여 나라가 어지럽고 결국 망하게 될 것임을 경계한 것입니다. 윗자리에 있을수록 일상의 행위에 신중을 다해

---

2. 『시경』 소아(小雅) 절남산(節南山) "節彼南山, 維石巖巖. 赫赫師尹, 民具爾瞻. 憂心如惔, 不敢戲談. 國既卒斬, 何用不監!"

야만 하는 것이지요.

국가는 특정 개인이나 집단의 소유가 아니라 백성들의 편안하고 위태로움에 직결되는 공유물입니다. 따라서 공직자는 공동체 구성원의 마음을 헤아려 언행에 신중을 다하지 않을 수 없습니다. 『시경』의 저자는 만약 독재나 사적인 이익 추구에만 빠져 백성의 마음을 저버린다면 백성들로부터 죽임을 당하게 될지도 모른다고 경고하는 것입니다. 백성의 마음을 제대로 저울질하지 못한 결과 죽음까지도 이르게 될 수 있다는 점에서 혈구지도의 중요성이 반면교사로 제시되고 있는 것이지요.

(3) 『시경』에 "은나라가 대중을 잃지 않았을 때에는 상제와 짝할 수 있었더니 마땅히 은나라를 거울삼아야 한다. 큰 명은 보존하기 쉽지 않다"고 하였다. 대중의 마음을 얻으면 나라를 얻고 대중의 마음을 잃으면 나라를 잃음을 말한 것이다.

詩云 殷之未喪師에 克配上帝러니 儀監于殷이어다
시 운 은 지 미 상 사   극 배 상 제   의 감 우 은
峻命不易라하니 道得衆則得國하고 失衆則失國이니라
준 명 불 이   도 득 중 즉 득 국   실 중 즉 실 국

※ **시**(詩): 『시경』 문왕편. **사**(師): 많은 사람, 군대. **감**(監): 살펴보다. **이**(易): 쉽다. **도**(道): 말하다.

앞의 두 시에서 전자는 여민동락하여 백성들이 하나되어 부모처럼 받드는 경우이고, 후자는 백성의 마음을 저버려 죽임을 당할지도 모른다는 부정적인 내용을 담고 있습니다. 모두 백성의 마음, 즉 인심

의 향배에 따라 국가나 정권의 운명이 달라질 수 있음을 말하는 것이지요. 이제 둘의 경우를 종합하여 백성들의 마음을 헤아리는 혈구의 자세가 국가의 운명과 직결됨을 강조합니다. 은나라가 민심을 잃지 않았을 때는 상제와 짝하여 천하의 주인이 되었지만, 하루아침에 민심을 잃자 나라가 멸망하였습니다. 은나라 마지막 왕인 주紂의 폭정에 민심이 등을 돌린 사실을 지적하고 있는 것입니다. 그러므로 시에서는 나라를 소유한 자는 마땅히 은나라가 멸망한 것을 귀감으로 삼아야 할 것이니, 준엄한 하늘의 명은 오래도록 지켜내기 어렵다고 경계합니다.

고대 중국에서 정권의 정당성은 상제가 주관하는 하늘의 명天命에서 찾았습니다. 상제가 인간사를 주관한다는 오랜 믿음에서 비롯된 것이지요. 또한 그 상제의 뜻을 아는 것은 백성들의 눈과 귀를 통해서 드러난다고 하여 민심이 곧 천심天心임을 말합니다. 정권은 고정불변한 것이 아니라 민심의 향배에 따라 바뀝니다. 따라서 왕이 좋아하고 미워함을 백성과 한가지로 하여 사람들의 마음을 얻으면 백성들이 자기 부모처럼 사랑하게 되니 저절로 하늘의 명과 맞아서 나라를 얻을 수 있다고 보았습니다. 반면에 좋아하고 미워함을 한가지로 하지 못하여 백성들의 마음을 잃어버리면, 하늘의 명을 어기게 되어 나라를 잃게 되는 결과까지 초래한다는 경고를 합니다. 따라서 지도자는 백성들의 마음을 헤아리고 그에 대응하는 공평한 마음인 혈구지도의 자세를 지녀야 한다고 주장하는 것입니다.

제2절. 혈구지도와 경제적 정의

평천하장平天下章에서 공평무사한 마음이 강조되는 것은 모든 이들이 공통적인 덕성인 명덕明德의 소유자라는 생각에서 출발합니다. 그래서 모두와 소통하려는 지도자의 마음 역시 명덕明德을 밝히려는 노력으로 귀결됩니다. 혈구지도 역시 명덕을 밝히는 하나의 방법이 될 것입니다. 이하에서는 경제 방면에서 혈구지도의 필요성을 설명하고 있습니다. 『대학장구』에는 여러 구절로 나누어 설명하고 있는데, 하나의 맥락으로 살펴보겠습니다.

그러므로 군자는 먼저 덕을 삼간다. 덕이 있으면 여기에 백성이 있고, 백성이 있으면 여기에 땅이 있고, 땅이 있으면 여기에 재물이 있고, 재물이 있으면 여기에 쓰임이 있게 된다. 덕은 근본이요 재물은 말단이니, 근본을 밖으로 하고 재물을 안으로 하면 백성들을 다투게 하여 폭력으로 빼앗는 것을 가르치는 것이다.

是故로 君子는 先愼乎德이니
시 고　군자　선 신 호 덕
有德이면 此有人이요 有人이면 此有土요
유 덕　　차 유 인　유 인　　차 유 토
有土면 此有財요 有財면 此有用이니라
유 토　차 유 재　유 재　차 유 용

德者는 本也요 財者는 末也니 外本內末이면 爭民施奪이니라
덕 자   본 야   재 자   말 야   외 본 내 말   쟁 민 시 탈

※ **신(慎)**: 신중하다. **유인(有人)**: 사람을 얻는다. **시(施)**: 시행하다. **탈(奪)**: 빼앗다.

혈구의 사례는 모든 경우에 적용되는 황금률입니다. 여기서는 혈구의 정신을 경제적 측면에서 볼 때 재물이 아니라 덕을 먼저 고려해야 한다는 점을 강조합니다. 덕을 갖추면 결과적으로 재물도 그에 맞춰 따라온다는 말입니다. 문맥에 따라 원문을 살펴보면, 먼저 군자는 자신의 덕에 신중을 기울여야 함을 말합니다. 민심을 얻고 잃고는 국가의 운명까지도 좌우하는 중요한 일이므로 그들과 공유할 수 있는 마음인 명덕을 신중히 살피려는 것이지요. 격물치지格物致知와 성의정심誠意正心을 내용으로 하는 명덕을 밝히는 것은 세상과 소통하는 지름길이기 때문입니다. 이처럼 덕성의 소유한 지도자를 중심으로 백성들이 모여들고, 백성이 있으면 그들이 살아갈 땅이 있게 되고, 그 땅에서 생산된 재물이 있게 되고, 재물이 있게 되면 조세를 거둬 적절한 곳에 사용할 수 있게 됩니다. 이러한 논리에서 덕이 근본이라면 재물은 말단이라는 덕본재말德本財末을 주장하는 것이지요.

근본과 말단은 분리될 수 없는 하나라는 의미입니다. 나무의 뿌리와 잎의 명칭은 다르지만 크게 보면 생명력을 지닌 하나의 나무입니다. 근본인 뿌리가 튼실해야 줄기가 굵어지고 가장 말단인 잎도 무성하게 됨은 당연합니다. 마찬가지로 본말의 구도에서 강조점은 항상 근본의 강화에 있습니다. 덕과 재화의 관계에서 덕이 근본이라면 재물은 말단이 됩니다. 이것은 재물을 경시하는 것이 아니라 풍요로움의 근본이 도덕성에 있음을 강조하는 것이지요. 만약 군주가 말단인 재화를 덕보다 중요하게 여긴다면, 백성들은 재화를 유일한 목표로 삼아 다투게 되고 그러한 쟁탈전을 당연시 여기는 풍조를 조장하게 될 것입니다. 덕을 베풀기보다는 자신의 사욕을 챙기려고 재화를 앞세우는 윗사람의 마음을 알아챈 것입니다.

　　그러므로 백성들의 재물을 모으면 백성들이 흩어지고, 재물이 흩어지면 백성들이 모여드는 것이다. 따라서 말이 도리에 거슬러 나가면 역시 어긋나게 들어오듯이, 재화가 잘못 들어온 것은 역시 어긋나게 빠져 나간다.

是 故로 財聚則民散하고 財散則民聚니라
시 고　재 취 즉 민 산　　재 산 즉 민 취

是 故로 言悖而出者는 亦悖而入하고
시 고　언 패 이 출 자　역 패 이 입

貨悖而入者는 亦悖而出이니라
화 패 이 입 자　역 패 이 출

※ **취**(聚): 모으다. **산**(散): 흩어지다. **화**(貨): 재화. **패**(悖): 어긋나다. 잘못되다.

　　지도자가 백성들의 재물을 긁어모으는데 혈안이 된다면 민심은 흩어질 것이고, 재물을 백성들에게 흩어놓으면 백성들이 모여들 것입니다. 여기서 재물을 흩어놓는다는 말은 윗자리에 있는 사람이 자신의 재화를 사람들에게 나눠주는 것이 아니라, 사람들에게 세금을 지나치게 거둬들이지 않고 받을 만큼만 받는다는 말입니다. 재정운영의 합리성과 공정성을 통해 민생의 안정을 도모한다면 조세저항에 직면하지 않을 것이겠지요. 도리에 어긋난 말을 하는 사람은 또한 도리에 어긋난 말을 듣기 마련이듯이, 과도하게 긁어모으는 재물은 또한 도리에 어긋나게 낭비되면서 뺏고 뺏기는 악순환이 반복될 것입니다. 주자는 다음과 같이 풀이합니다.

근본을 밖으로 여기고 말단을 안으로 생각하기 때문에 재물이 특정인에게 모이고, 백성을 다투게 하여 빼앗는 가르침을 펼치기 때문에 민심이 흩어진다. 이와 반대로 하면 덕이 있어 민심을 얻을 것이다.[3]

청렴결백한 삶을 지향했던 조선의 지식인 역시 사회 공공재로서의 재물이 특정한 사람에게 집중되는 것을 경계하곤 합니다. 위에 나오는 『대학』 구절과 비슷한 맥락에서 조선중기 학자인 신최申最는 다음과 같이 말합니다.

잘 다스려지는 시대에는 재물이 흩어지는데 흩어져 있으면 나라가 부유해지며, 쇠락한 시대에는 재물이 한 곳으로 모이는데 한 곳으로 모이면 나라가 빈곤해진다.[4]

부의 집중보다는 공정한 분배를 통한 공정사회를 지향하는 것은 예나 지금이나 큰 차이가 없을 것입니다. 따라서 덕이 근본이라면 상

---

3. 『대학장구』 10장 주석 "外本內末故財聚, 爭民施奪故民散, 反是則有德而有人矣."
4. 申最, 『春沼子集』 3권, 「原財」. "治世之財散, 散則國富; 衰世之財聚, 聚則國貧"

대적으로 재물은 말단이라는 '덕본재말德本財末'은 지금도 여전히 강조되는 말입니다. 윤리경영을 내세우듯 사회적 책임을 다하는 존중받는 기업은 필요합니다. 조직의 리더는 무엇보다도 자신을 닦고 세상과 소통하는 힘인 덕을 근본으로 여겨야 합니다. 그런데 도덕을 앞세우면 자연스럽게 재물도 뒤따라오는 것일까요? 혹시 마음만 착할 뿐이지 손해보는 것은 아닐까요? 경쟁과 욕망을 부채질하는 우리의 현실을 고려할 때 떨쳐버릴 수 없는 의문입니다. 여기서 잠시 인의仁義의 도덕을 중시하는 맹자를 떠올려 보기로 하겠습니다. 『맹자』의 첫머리는 부국강병의 지침을 바라는 어떤 왕과의 다음과 같은 대화에서 시작됩니다.[5]

왕께서는 어찌 반드시 이익을 말씀하십니까? 또한 인의가 있을 따름입니다. 만약 왕이 '무엇을 가지고 우리나라를 이롭게 할까?'라고 말씀하신다면, 대부는 '무엇을 가지고 우리 집안을 이롭게 할까?'라고 말하고, 하급 관리나 서민들은 '무엇을 가지고 우리 몸을 이롭게 할까?'라고 말할 것입니다. 그 결과 윗사람과 아랫사람들이 서로 이익을 다투어 나라가 위태롭게 되는 것입니다. (중략) 어질면서 그 어버이를 버리는 사람은 아직 있지 않았으며, 의로우면서 그 임금을 뒤로 하는 사람은 아직 있지 않았습니다. 왕께서는 또한 인의를 말씀하실 뿐이지, 어찌 반드시 이익을 말씀하십니까?

5. 이천승, 『이천승 교수가 읽어주는 맹자』, 파라아카데미, 2022, 12~16쪽 참조.

약육강식의 쟁탈전이 한창인 전국시대에 인의라는 도덕을 앞세우는 맹자의 주장은 외면받기 일쑤였습니다. 거리낌 없는 살육과 앞다퉈 이익의 쟁탈전에 뛰어드는 상황에서 그의 주장은 비현실적으로 들렸기 때문입니다. 많은 반론에도 불구하고 맹자의 자세는 의연하고 기개가 넘쳤습니다. 국가의 위기를 바로 잡는 근본처방은 도덕의 힘에서 찾아야 한다는 평소의 신념을 꺾지 않았던 것이지요. 부국강병을 꿈꾸는 왕에게 권력과 재물을 싫어하는 사람이 어디 있겠는가마는, 당장 눈앞의 이익보다는 백성의 마음을 얻는 일이 보다 큰 이익이고 사회질서의 기본이라 설득합니다. 진정한 이로움을 성취하려면 전체적이고 장기적인 안목에서 보아야 한다는 것이지요. 공동체가 지향하는 도덕을 추구하다 보면 많은 이들이 그를 응원할 것이고 결과적으로 자연스럽게 얻게 되는 소중한 이익들이 있기 때문입니다.

　재화를 소유하려는 욕망은 사람이라면 모두 동일할 것이므로 다른 사람들의 입장을 자기처럼 헤아려보고 자신이 처한 자리에서 공평하게 처리하려는 혈구의 마음이 필요합니다. 특히 윗자리에 있을수록 다른 사람들에게 끼치는 영향력을 고려하여 신중해야 합니다. 맹자의 주장에 따르면 윗자리에 있는 사람이 권력을 빌미로 제멋대로 처리한다면, 백성들도 거리낌 없이 사리사욕의 쟁탈전을 이어갈 것입니다. 이러한 백성들의 쟁탈은 모두 윗사람들이 가르쳐서 비롯된 것이지요. 눈앞의 현실을 헤쳐 나가기도 버거운 백성들에게 도덕적 마음까지 요구할 수는 없습니다. 그러나 적어도 지도자라면 그들보다한 발 앞서 멀리 내다보아야 합니다. 제도적 장치 없는 무질서한 재화의 쟁탈전에서 소외받는 사람이 줄어들도록 사회적 공감대를 형성해야 할 것입니다. 이것이 모두가 공유하는 질서이자 그 저변에 흐르는 도덕성에 눈을 돌려야 될 이유이며, 지도자의 진정한 책무입니다. 세상과 소통하려는 근본적인 힘으로 덕을 중시하는 지도자의 마음은 명구를 통해 반복적으로 제시됩니다.

『서경』「강고」편에 '천명은 일정하게 고정되어 있지 않다'고 하니, 선하면 천명을 얻고 불선하면 천명을 잃음을 말한 것이다.

康誥에 曰 惟命은 不于常이라하니
강 고　 왈 유 명　 불 우 상

道善則得之하고 不善則失之矣니라
도 선 즉 득 지　 불 선 즉 실 지 의

※ 우(于): ~에, 於와 같음. 도(道): 말하다.

전통적인 관점에서 천명을 얻어 정통성을 얻느냐 그렇지 못하느냐는 국왕의 마음가짐과 그로 인한 민심의 향배에 달려있다고 생각합니다. 천명이 일정하지 않다는 말에는 천명을 얻었다는 당위성과 그 천명을 유지하기 위해 노력해야 된다는 경계의 의미가 동시에 있습니다. 그 기준이 되는 혈구絜矩의 마음은 선하느냐, 그렇지 못하느냐를 가름하는 방향타입니다. 명덕을 지니고 있으면 혈구를 할 수 있는데 이것을 선善이라 합니다. 본문에서는 명덕을 근본으로 삼아 선한 정치를 펼치면 백성과 나라를 얻게 되지만, 도덕이 빠진 채 재화를 근본으로 생각하는 정치의 결말은 좋지 않음을 거듭 강조합니다.

지도자가 덕의 마음으로 타자의 마음을 헤아려 실행한 것이 진실로 선하다면 사람과 토지와 재물과 사용처가 모두 연결됩니다. 이것을 천명을 얻었다라고 말할 수 있습니다. 반면에 말단인 자신으로의 재화가 모이는 것만을 앞세우고 혈구하지 못하면, 이는 선하지 못한 어긋난 마음으로 국가의 영속성을 보장하는 천명 또한 떠납니다. 앞의『시경』문왕편에서 언급하였듯이, "하늘이 내린 큰 명은 보존하기 쉽지 않으니 민심을 얻으면 나라를 얻고 민심을 잃으면 나라도 잃는다"는 말과 통하는 대목입니다. 이처럼 혈구의 방법은 단순한 도덕적 기준이 아니라 국가의 존망을 가름하는 중요한 갈림길로 이어진다는 점이 재삼 강조되고 있습니다.

또한 재물보다 선을 중시해야 한다는 점을 명언을 통해 첨가하고 있습니다. 본말이 전도되어서는 안된다는 것이지요.

초나라 역사책에 "초나라는 보배로 삼을 것이 없고, 오직 착한 이를 보배로 삼는다."라고 하였다.

楚書에 曰 楚國은 無以爲寶요 惟善을 以爲寶라 하니라
초 서 왈 초 국 무 이 위 보 유 선 이 위 보

※ **초서**(楚書): 초나라 역사책. **보**(寶): 보배.

재물보다는 선한 마음이 진정 중요하다는 것인데, 여기에는 다음과 같은 내용을 압축적으로 담고 있습니다. 초나라 대부 왕손어王孫圉가 진晉나라에 초대되어 갔을 때 일입니다. 강대국이었던 진나라에서 마련한 연회장에서 당시 대신이던 조간자趙簡子는 초나라에 있는 백형白衡이라는 패옥의 값어치를 묻자 왕손어는 딱 잘라 말합니다.

초나라에서는 보배로 여기는 관사부라는 사람이 있는데 평소 외교관계 문서를 잘 정리해 놓음으로써 제후들과의 외교적 행사에서 초왕이 곤혹을 치르는 일이 없도록 하였습니다. 또한 좌사 의상이란 사람이 있는데 그 분은 역사에 해박하여 수시로 임금에게 지난 시대의 성패에 관한 사례를 말함으로써 선왕의 업적을 잊지 않도록 하였습니다. 만약 제후들이 좋아하는 예물을 갖추어놓고 이를 제정해놓은 사령으로 인도하게 한다면, 우리 임금의 제후들에게 죄를 얻지 않아 나라와 백성을 보존할 수 있을 것이니, 이것이 바로 초나라의 보배입니다. 백형과 같은 것은 선왕이 사용한 노리개 정도이니 그 따위가 무슨 보물이 되겠습니까?

그리고 말미에 쐐기를 박듯 말합니다.

우리 초나라에서는 금은보화를 귀중히 여기지 않고 선한 사람을 보배로 여깁니다.[6]

초나라가 제후국 사이에서 흔들리지 않고 나라와 백성을 보존할 수 있는 것은 바로 국가조직의 체계를 중시하는 신하들이 있고, 그들

6. 『대학장구』 10장 소주에 인용된 『國語』 내용 참조.

이야말로 국가의 보배라고 할 수 있다는 것입니다. 덕본재말의 사유에 따라 어진이들의 말을 중시하였던 것이지요.

또한 재물보다는 선의 가치를 소중히 여기는 비슷한 사례로 춘추시대 진나라 문공의 일도 소개하고 있습니다.

> 구범이 말하기를 "망명 중인 사람은 보배로 삼을 것이 없고, 부모를 사랑하는 것을 보배로 삼으십시오."라고 하였다.
>
> 舅犯이 曰 亡人은 無以爲寶요
> 구 범 왈 망 인   무 이 위 보
>
> 仁親을 以爲寶라 하니라
> 인 친   이 위 보

※ **구범**(舅犯): 진(晉)나라 문공의 외삼촌 호언(狐偃)으로 자는 자범(子犯). **망인**(亡人): 망명 중인 사람. 당시 국외로 망명 중이던 공자 중이(重耳)로 훗날 진 문공이 됨. **인**(仁): 사랑하다.

진문공의 이름은 중이重耳로 오랜 망명생활을 거쳐 결국 패권을 장악했던 인물입니다. 그의 저력은 어디에서 나온 것일까요? 냉혹한 권력의 암투 속에서 중이는 계모의 모략을 피해 19년 동안 망명생활을 하게 됩니다. 그 과정에서 겪게 되는 드라마틱한 일이 지금도 전해지곤 하는데, 굶주림에 사경을 헤매고 있을 때 자신의 허벅지를 잘라 보살폈던 개자추의 일화가 유명합니다. 훗날 문공은 왕위에 올랐지만 어려울 때 자신과 함께했던 개자추에게는 별다른 보상을 내리지 않았습니다. 개자추의 희생적 봉사를 잠시 잊고 있었던 문공은 이미 산속에 숨어 지내던 그를 불러내려는 목적에서 산에 불을 놓았습니다. 그러나 개자추는 산에서 나오지 않고 오히려 나무를 붙들고 죽습니다. 이 일을 매우 후회한 문공은 이 날만은 불을 때지 않고 찬밥을 먹었는데, 이것이 한식寒食의 유래가 되며 지금도 청명절淸明節이라 하여 조상의 묘소를 찾아뵙는 오랜 관습이 되었습니다.

『대학』에서는 근본을 중시해야 된다는 취지에서 문공의 일을 인용합니다. 고국인 진나라에서 부왕이 죽자, 이웃나라에서 이 틈을 이용하여 권력을 차지하라고 은근히 권합니다. 보통 왕의 국상기간에 임금이 자리를 얻기도 하고 잃기도 하는데 이러한 기회를 놓치지 말라는 것이지요. 고민에 빠진 문공이 동행하고 있던 외삼촌 자범에게 자문을 구하자 그는 거절의 뜻을 명확히 표시합니다.

그러한 제의를 받아들여서는 안됩니다. 망명한 사람은 보물로 삼을 만한 것이 없고 단지 자신의 어버이를 사랑하는 것을 보물처럼 여겨야 합니다. 아버지가 죽은 것보다 무엇이 더 참담하겠습니까. 그런데 도리어 그 기회를 이용해 자기의 이익을 꾀하다니요?

나라를 얻는 것보다 효도의 마음을 더 근본으로 생각하라는 말입니다. 선한 사람을 보배로 여기거나 부모를 사랑하는 도리를 먼저 생각하는 것이 재물이나 나라를 얻는 것보다 근본이 된다는 것이지요. 이 또한 근본을 바깥으로 하고 재물을 안으로 하지 않는 것입니다. 따라서 천하를 소유한 자는 혈구의 정신에 따라 근본인 덕을 중시해야 한다는 것을 알 수 있습니다.

제3절. 혈구지도로 보는 정치의 공정함

『대학』에서는 혈구지도가 경제뿐 아니라 정치에서도 마찬가지로 적용됨을 보여주고 있습니다. 인사가 만사라는 말이 있듯이 어떤 인물을 임용할 것이냐는 일의 성공여부를 판가름하는 중요한 일이 됩니다.

「진서秦誓」에서 말하였다.

"만일 어떤 신하가 성실하고 다른 재능은 없지만 그 마음이 곱디곱고 포용력이 있다고 하자. 그는 남들이 가진 재능을 자기가 가진 듯이 여기며 남들의 훌륭하고 뛰어난 것을 보면 마음으로 좋아함이 자기 입에서 나온 것처럼 여길 뿐만 아니라면 진실로 포용력이 있는 자이다. 이러한 사람은 우리 자손과 백성을 보전할 수 있을 것이니 거의 또한 이로움이 있을 것이다. 반면에 남이 가진 재능을 시기하고 미워하며 남의 훌륭하고 뛰어남을 방해하여 윗자리로 통하지 못하게 한다면, 진실로 남을 포용할 수 없어서 우리 자손과 백성을 보전할 수 없을 것이니 또한 위태롭다고 말할 수 있을 것이다."

秦誓曰 若有一个臣이 斷斷兮오 無他技나 其心이 休休焉한대
진 서 왈 약 유 일 개 신 단 단 혜 무 타 기 기 심 휴 휴 언

其如有容焉이라 人之有技를 若己有之하며
기 여 유 용 언 인 지 유 기 약 기 유 지

人之彦聖을 其心好之하여 不啻若自其口出이면 寔能容之라
인 지 언 성 기 심 호 지 불 시 약 자 기 구 출 식 능 용 지

以能保我子孫黎民이니 尚亦有利哉인져
이 능 보 아 자 손 여 민　　상 역 유 리 재

人之有技를 媢疾以惡之하며 人之彦聖을 而違之하여
인 지 유 기　모 질 이 오 지　　인 지 언 성　　이 위 지

俾不通이면 寔不能容이라
비 불 통　　식 불 능 용

以不能保我子孫黎民이니 亦曰殆哉인저
이 불 능 보 아 자 손 여 민　　역 왈 태 재

※ **진서(秦書)**:『서경』에 수록된 주서(周書)의 편명. **단단(斷斷)**: 성실하고 한결같은
모양. **휴휴(休休)**: 마음씀씀이 너그럽고 고움. **용(容)**: 포용력. **언(彦)**: 훌륭한 선
비. **성(聖)**: 통하고 밝은 뛰어난 재능. 총명. **시(啻)**: 난지 ⌐뿐이다. **식(寔)**: 참으로,
진실로. **여민(黎民)**: 백성. **상(尚)**: 거의 가깝다. **모(媢)**: 시기하다. **위(違)**: 어기다,
방해하다. **비(俾)**: 시키다. **태(殆)**: 위태롭다.

　진나라 목공은 능력보다는 포용력을 갖춘 인물이 필요하다고 보
고, 신하들에게 맹서하는 글을 남깁니다. 만일 어떤 신하가 남다른
재능은 없는 듯 보이지만 그 마음이 한결같고 성실하며 너그럽고 포
용력이 있다면 그를 주목한다는 내용입니다. 그런 사람은 다른 이들
이 지닌 재능을 자기에게 있는 것처럼 기뻐하여 그 장점을 모두 쓰고
자 할 것이며, 남들의 훌륭하고 명석한 판단력을 입으로만 칭찬할 것
이 아니라 진심으로 좋아할 것이기 때문입니다. 이렇게 진정으로 남
을 포용할 수 있는 자질을 지닌 인물을 대신으로 임명한다면, 반드시
착한 사람들을 이끌어서 우리 자손과 백성을 영원토록 보전하여 태
평을 누리게 할 것이니 진정으로 나라에 이익이 된다는 것입니다.
　반면에 선량하지 못한 신하라면 성실성이 부족하고 남을 포용하는
도량도 없어서 그 피해가 클 것입니다. 다른 사람이 재주 있는 것을

보면 자기보다 나을까 걱정되어 시기하고 미워합니다. 훌륭하고 명석한 사람들을 본다면 같이 조정에 설까 두려워하여 미리 올라오지 못하게 앞길을 방해하고 막아버리기까지 합니다. 만일 이런 이들이 대신이 된다면 고만고만한 소인들이 판치는 세상이 되어 우리 자손과 백성들을 위태로운 지경에 빠트릴 것이라 경계합니다.

「진서」는 남들을 자기처럼 포용하는 마음을 지닌 인물을 등용하느냐 그렇지 못하느냐에 따라 국가의 장래가 달려있음을 경계하고 있는 글입니다. 포용력의 기준은 공공의 이익에 부합되는지 여부를 일차적 기준으로 삼아야 합니다. 타인의 장점이 우리 모두의 장점으로 이어질 수 있도록 자신의 사심을 줄이고 공적인 마음을 우선시하는 것이 바로 정치에 있어서 혈구絜矩의 정신입니다.

이어지는 문장에서는 혈구지도의 의미를 유학의 핵심인 인仁의 정신과 결부시켜 보다 구체적으로 설명하고 있습니다.

오직 어진 사람만이 못된 자를 추방하고 유배 보내 사방 오랑캐 땅으로 내쫓아 나라中國에서 함께 살지 못하도록 한다. 이것을 일러 '오직 어진 사람만이 사람을 사랑할 수도 있고 사람을 미워할 수도 있다'고 말하는 것이다.

唯仁人이야 放流之하여 迸諸四夷하여 不與同中國하나니
유 인 인　　　방 류 지　　　병 저 사 이　　　불 여 동 중 국

此謂唯仁人이야 爲能愛人하며 能惡人이니라
차 위 유 인 인　　　위 능 애 인　　　능 오 인

※ **방(放)**: 추방하다. **병(迸)**: 내쫓다. **사이(四夷)**: 사방의 이민족. **중국(中國)**: 나라의 중심.

타인의 마음을 내 마음처럼 헤아리는 혈구지도는 인의 정신과 부합됩니다. 인은 타인을 사랑하는 마음에서 비롯되고, 그 마음은 개인적 사사로움에 얽매이지 않는 공평무사公平無私한 정신입니다. 남을 시기하거나 미워하는 습성을 지닌 사람은 자신 보다 나은 사람을 싫어합니다. 공동체의 질서를 방해하는 그런 사람을 적절히 제어하고 응징하는 것도 어진 마음을 지닌 소유자의 역할입니다. 주자는 진정으로 어진 사람이 지녀야 될 자세에 대해 말합니다.

이렇게 시기하고 질투하는 사람이 현명한 자를 방해하고 나라를 해롭게 하면 어진 사람이 반드시 그런 사람을 몹시 미워하여 통렬하게 끊어버린다. 어진 사람은 지극히 공평하고 사사로움이 없기 때문에 이처럼 좋아하고 싫어함의 정당함을 얻을 수 있다.[7]

『논어』에도 인을 설명하는 과정에서 이와 똑같은 구절이 보입니다.

오직 어진 사람이라야 남들을 사랑할 수도 있고 미워할 수도 있다.[8]

이분법적 사고에 익숙한 사람이라면 선의 반대는 악이며, 미움과 사랑은 함께하지 못한다고 생각합니다. 그러나 선악의 판단하는 자

---

7. 『대학장구』10장 주석. "言有此媢疾之人, 妨賢而病國, 則仁人必深惡而痛絶之, 以其至公無私, 故能得好惡之正如此也."
8. 『논어』「이인」편. "子曰: 唯仁者, 能好人, 能惡人."

신의 기준이 잘못될 수도 있습니다. 편견 때문에 실상을 놓치는 경우도 많습니다. 하나의 선택만이 아니라 둘을 포용하면서 장점을 취합해가는 사고는 어떠할까요. 좋아함과 동시에 미워할 줄도 알고, 미워하면서도 그 좋은 점은 놓치지 않는 포용력 있는 생각이 오히려 유연한 삶이 될 것입니다. 유학에서 강조하는 인仁의 정신 역시 이런 점을 강조하는 것입니다.

인의 마음을 지닌 사람은 단순히 마음 좋은 사람을 가리키는 말이 아닙니다. 좋은 것은 좋도록 계속 밀어주고, 잘못된 것은 잘못되었다고 지적해줄 선택의 기준이 자기 마음 속에 확고하게 자리 잡은 사람입니다. 무조건적 사랑이나 이해가 아니라, 선과 악의 이분적 경계를 넘어 한 단계 고양된 선으로 우리 모두를 이끄는 것입니다. 그러나 사랑하기보다는 누군가를 미워해야 하는 마음이 더 어려울 경우가 많습니다. 그럼에도 불구하고 미워야 할 경우에는 미워하는 것이 때로는 정당한 방법이기에 어쩔 수 없이 심한 처분을 내리는 것입니다.

군자와 소인의 경우는 여기서 나뉩니다. 소인을 제거하지 않으면 군자가 나오지 않고, 소인을 제거했더라도 완전히 끊어버리지 못하면 비록 군자를 나오게 했더라도 편안히 있게 할 수 없기 때문입니다. 그러므로 소인을 제거하는 것은 군자를 나오게 하는 것이요, 소인을 끊어버리는 것은 군자를 편안하게 하는 길이 될 것입니다. 내가 가진 위엄을 다른 사람의 재능을 시기하고 방해하는 사람에게 정당하게 행사했지만, 그 은혜는 후세까지 끼칠 수 있습니다. 공평무사한

'인'의 마음이 있을 때만이 남들을 좋아할 수도 있고 싫어할 수 있는 떳떳한 행동이 가능할 것입니다.

현명한 사람을 보고도 천거하지 못하며, 천거하더라도 빨리 등용하지 못함은 태만함이요, 불선한 사람을 보고도 물리치지 못하며 물리치더라도 멀리 내치지 못하는 것은 잘못이다. 남들이 싫어하는 것을 좋아하며 남들이 좋아하는 것을 싫어하는 이것을 일러 사람의 본성을 어긴다고 말하는데, 재앙이 반드시 그에게 닥칠 것이다.

見賢而不能擧하며 擧而不能先이 慢也요
견 현 이 불 능 거   거 이 불 능 선   만 야

見不善而不能退하며 退而不能遠이 過也니라
견 불 선 이 불 능 퇴   퇴 이 불 능 원   과 야

好人之所惡하며 惡人之所好를 是謂拂人之性이라
호 인 지 소 오   오 인 지 소 호   시 위 불 인 지 성

菑必逮夫身이니라
재 필 체 부 신

※ **거(擧)**: 천거, 등용. **명(命)**: 태만 정현은 태만(怠慢)의 만(慢) 자로 써야 된다고 하고, 정자는 태(怠) 자로 보는데 모두 태만의 의미이다. **과(過)**: 잘못. **불(拂)**: 거스르다. 어긋나다. **재(菑)**: 재앙. 재(災)와 같은 글자. **체(逮)**: 미치다.

남을 사랑할 수도 있고 미워할 수도 있는 인仁의 마음을 다하기란 어렵습니다. 그래서 본문에서는 그 다음 단계를 말합니다. 그 사람이 현명하다는 것을 알면서도 곧바로 등용시키지 않거나, 등용했더라도 우선적으로 요직에 앉히려는 적극성을 보이지 않는 경우입니다. 반면에 나쁜 사람을 보고서 퇴출시킬 수 없거나, 쫓아내더라도 가까이 다가서지 못할 정도로 멀리 내쫓지 못하는 경우도 있습니다. 둘 다

진정으로 좋아하거나 싫어하는 마음에서 나오는 것이 아니기 때문입니다. 좋아함에 철저하지 못하는 전자는 태만이요, 미워함에 투철하지 못하는 후자의 경우는 과실로 이어집니다. 태만과 과실은 인의 마음에서 나오는 공평무사한 일처리가 아니겠지요. 사사로운 찌꺼기가 내 안에 남아있기에 과감한 결단이 어려운 것입니다. 그렇다고 인간의 선한 본성을 저버릴 수는 없습니다.

> 선을 좋아하고 악을 싫어함은 사람의 본성이다. 사람의 본성을 어김에 이른다면 매우 어질지 못한 사람이다.[9]

좋아하거나 미워하는 것은 사람의 공통된 성향입니다. 그런데 어떤 사람들은 그 마음과 반대되는 행위를 합니다. 사람으로서 마땅히 좋아해야 하거나 다들 좋아하는 자를 오히려 미워하며, 사람으로서 마땅히 미워해야 하거나 모두 미워하는 자를 반대로 좋아하는 경우도 있습니다. 그러나 이는 선악에 대한 일반인의 마음을 저버린 것이며, 서로의 처지를 바꿔 생각하는 혈구의 정신과도 맞지 않는 행위입니다. 유학의 길을 걸었던 우리 역사에서 때로는 온정이나 정실에 얽매이는 폐단을 보이기도 합니다. 그러나 이것이 본래 유학의 모습은 아닙니다. 유학에서는 좋아하고 싫어함을 냉철하게 판단하는 행위지침을 이상으로 제시하기 때문이죠. 체면보다 능력을 앞세우고, 불의

---

9. 『대학장구』10장 주석. "好善而惡惡, 人之性也; 至於拂人之性, 則不仁之甚者也."

에 대해서 과단한 결단을 내리는 합리적 자세를 지향하였습니다.

포용력 있는 신하를 등용하겠다는 『서경』의 내용부터 여기까지는 모두 좋아하고 싫어함과 공평하고 사사로움의 대비시켜 가면서 인재 등용의 공정함에 대해 말하고 있습니다. 이하의 내용은 우리가 추구해야 될 진정한 이로움의 방향과 더불어 살아가는 지혜를 권하고 있습니다.

> 그러므로 군자에게는 큰 원칙이 있으니 반드시 충과 신으로써 그것을 얻고, 교만과 사치로써 그것을 잃는다.
>
> 是故로 君子有大道하니 必忠信以得之하고 驕泰以失之니라
> 시 고   군 자 유 대 도   필 충 신 이 득 지   교 태 이 실 지

※ **군자**(君子): 지위에 있는 사람. **도**(道): 그 지위에 있으면서 자기를 닦고 남을 다스리는 방법. **충**(忠): 충실. **신**(信): 믿음. **교**(驕): 교만. **태**(泰): 사치스럽고 방종함.

혈구는 공과 사를 구분하는 마음에 달려 있습니다. 그러므로 천하를 평화롭게 하려는 군자는 덕을 삼가서 몸을 닦고 사람을 다스리는 도리를 지향합니다. 공적인 마음을 남김없이 다하려는 충실됨으로 세상의 이치를 좇아서 어그러지지 않으면, 세상과 내가 구분없이 하나로 되는 큰 도리를 깨달아 자신의 소임을 다할 것입니다. 반면에 스스로 높은 체 하면서 방자하게 군다면 대중의 신임을 잃게 될 것입니다. 그러므로 천하를 평화롭게 하려는 자는 충실과 신뢰를 통해 내 마음의 푯대로 세상을 재는 혈구의 노력을 다해야 하는 것입니다.

역사적으로 천하를 소유한 자는 군자를 등용하여 흥기하고 소인을

멸망하지 않은 적이 없었습니다. 사람을 제대로 사랑하고 사람을 제대로 미워하면 군자가 나오고 소인이 물러나 천하가 그 혜택을 입게 되는데, 이는 혈구의 정신을 잘 실천하는 사람이 하는 것입니다. 반면에 사람들이 미워하는 자를 좋아하고 사람들이 좋아하는 자를 미워하면 군자가 물러가고 소인이 나와서 천하가 큰 화를 입게 되는데, 이는 혈구를 잘못한 사람이 하는 짓입니다. 그러므로 윗자리에 있는 사람들은 항상 조심하고 또 조심해야 하는 것이지요. 앞서 『시경』의 한 구절에서도 인용하였듯이, 깎아지른 듯이 높이 솟아 있는 바위처럼 모든 이들이 우러러 보고 있기 때문입니다. 만약 위정자가 자기 한 몸만 위하는 치우친 사심에 빠져 백성의 마음에 위배되는 일을 하였을 경우에는 천하 사람들에게 죽임을 당하게 될 것이라는 엄중한 경고가 이어졌던 것입니다.

이하는 혈구의 방법을 다시 경제적 측면에서 서술하고, 다시 그 근본으로 인의 정신과 연관시켜 설명하는 내용입니다.

재물을 생산함에 큰 원칙이 있다. 생산하는 자는 많고 쓸데없이 녹봉을 먹는 자는 적으며, 생산하는 자는 빨리 만들고 사용하는 자는 더디게 한다면 재물이 늘 풍족할 것이다.

生財 有大道하니 生之者 衆하고 食之者 寡하며
생 재 유 대 도   생 지 자 중   식 지 자 과

爲之者 疾하고 用之者 舒하면 則財恒足矣리라
위 지 자 질   용 지 자 서   즉 재 항 족 의

※ **생재**(生財): 재물을 생산하는 경제활동. **질**(疾): 빠르다. **서**(舒): 느리고 여유롭다.

국가경제를 활성화시키기 위한 방안에도 혈구의 법칙이 적용됩니다. 공동체 전체의 발전을 생각하는 지도자의 마음은 모두를 염두에 둔 근본적 처방에 힘씁니다. 생산에 종사하는 사람들이 많고 쓸데없이 급여만 받아먹는 사람이 줄어들도록 하며, 농사철이 다가오면 신속하게 농사를 짓고 재정을 지출할 때는 상황에 맞추어 천천히 집행하면 나라의 재물이 항상 넉넉할 것입니다. 부강한 국가를 만들어가기 위한 당연한 이야기를 하고 있을지 모릅니다. 많은 이들이 생산활동에 참여할 수 있도록 일자리를 창출하는데 힘쓰는 동시에, 불필요한 자리는 줄여나가는 제도개선에 앞장서는 것이기 때문입니다. 생산 활동에 장애를 주는 규제를 과감히 개혁하고, 쓸데없이 낭비되는 예산을 줄여나가야 합니다. 주자는 이를 근본에 힘쓰고 재물을 절약하는 '무본절용務本節用'으로 정리합니다.

생각하건대, 이상은 땅이 있으면 재물이 있다는 내용에 이어서 말한 것으로 나라를 풍족하게 하는 도가 근본에 힘쓰고 재물의 사용을 절약함에 달려 있는 것이요, 반드시 근본을 밖으로 여기고 말단을 안으로 여긴 뒤에 재물을 모을 수 있는 것이 아니라는 점을 밝힌 것이다.[10]

10. 『대학장구』 10장 주석. "愚按 此因有土有財而言, 以明足國之道在乎務本而節用, 非必外本內末而後財可聚也."

돈을 모으는 방법 가운데 하나는 많이 벌거나 아니면 적게 쓰냐의 선택에 달려 있는데, 두 방법을 다 쓰면 더욱 효과적일 것입니다. 국가적 측면에서도 많은 사람들이 생산활동에 참여할 수 있도록 하는 제반조치는 근본을 튼튼히 하는 일이요, 불필요한 낭비요소를 줄여가는 절약의 방법을 동시에 사용하는 것이 국가의 부를 창출해가는 방법이 될 것입니다. 그러한 원동력을 인의 정신에서 찾고 있습니다.

> 어진 사람은 재물을 이용하여 몸을 일으키고 어질지 못한 사람은 몸을 망쳐가면서 재물을 일으킨다. 윗사람이 인仁을 좋아하는데도 아랫사람이 의義를 좋아하지 않는 경우는 없었다. 아랫사람이 의를 좋아하는데 윗사람의 일을 끝마치지 못하는 경우는 없으며, 창고의 재물이 그 윗사람의 재물이 아닌 경우가 없었다.

仁者는 以財發身하고 不仁者는 以身發財니라
인 자　　이 재 발 신　　　불 인 자　　이 신 발 재
未有上好仁而下不好義者也니 未有好義오
미 유 상 호 인 이 하 불 호 의 자 야　　미 유 호 의
其事不終者也며 未有府庫財가 非其財者也니라
기 사 부 종 자 야　　미 유 부 고 재　　비 기 재 자 야

※ **발**(發): 일으키다. **부고**(府庫): 관청의 창고.

어진 덕을 갖춘 임금은 재물을 풀어서 백성을 여유롭게 해줌으로써 자신의 덕망이 높아지는 반면에, 그러한 덕이 없는 임금은 자신을 돌아보지 않고 재물을 긁어모으다가 결국 멸망의 길을 재촉합니다. 재물을 푼다는 것은 자기 돈을 써서 사람의 마음을 산다는 것이 아니라 공공재를 사적인 소유로 생각하지 않는다는 말입니다. 즉 사적 이

기심을 버리고 공적인 마음으로 국가예산을 적재적소에 활용함으로써 민심을 얻는 것이지요. 반면에 공동체 전체를 염두에 두지 않는 어질지 못한 지도자는 은연중에 모든 것을 자신의 이익과 결부시킵니다. 공적인 마음을 가장한 사적 이기심이 개입됨으로써 공사가 불분명해지고 결국 위태로운 지경에 빠지게 됩니다.

윗사람이 인을 좋아하여 아랫사람을 인의 정신으로 사랑하면 아랫사람이 의리를 좋아하여 윗사람을 충성으로 섬깁니다. 윗사람에게 있는 인의 마음에 아랫사람이 감화되어 나타난 보답이 의로운 행위인 것이지요. 마치 부모가 자애로운 마음으로 자녀를 대하면 그러한 사랑을 받은 자녀가 부모에게 효도를 생각하는 것과 같을 것입니다. 위아래가 하나가 되므로 되지 않는 일이 줄어들 것입니다. 따라서 『대학』에서는 아랫사람이 의리를 좋아하면 어떤 일을 해도 성공하지 못할 일이 없고, 따라서 국고의 재화는 결국 임금의 소유라는 논리를 전개합니다. 서로를 이해하려는 혈구의 마음이 주는 긍정적 효과라고 할 수 있을 것입니다. 이어 진정으로 국가를 위한 이익이 무엇인가에 대한 구체적인 사례를 인용하고 혈구의 의미를 마무리 합니다.

맹헌자가 말하였다. "처음 대부가 되어 말 네 필을 기르는 대부의 집에서는 닭이나 돼지를 기르는 작은 이익을 살피지 않으며, 상례나 제사에서 얼음을 사용할 수 있는 집안에서는 소나 양을 길러 이익을 보려하지 않는다. 수레 백 대가 있는 집안에서는 백성의 재물을 긁어모으는 신하를 기르지 않는다. 백성의 재물을 긁어모으는 신하를 두기 보다는 차라리 자신의 재물을 훔치는 신하를 두는 편이 나을 것이다." 이 말은 '국가는 재물의 이익을 이로움으로 여기지 않고, 의로움을 이로움으로 여겨야 한다'는 것이다.

孟獻子曰 畜馬乘은 不察於鷄豚하고
맹 헌 자 왈 휵 마 승   불 찰 어 계 돈

伐氷之家는 不畜牛羊하고 百乘之家는 不畜聚斂之臣하나니
벌 빙 지 가 불 휵 우 양   백 승 지 가   불 휵 취 렴 지 신

與其有聚斂之臣이런정 寧有盜臣이라하니
여 기 유 취 렴 지 신   영 유 도 신

此謂國不以利爲利오 以義爲利也니라
차 위 국 불 이 리 위 리   이 의 위 리 야

※ **맹헌자**(孟獻子): 노나라 대부인 증손멸. **휵**(畜): 기르다. 가축의 의미일 때는 '축'으로 읽음. **마승**(馬乘): 乘은 말 4필이 이끄는 수레 단위로 마승을 기른다는 말은 대부로 임명된 자를 지칭. **벌**(伐): 뜨다. **취렴**(聚斂): 재물을 긁어모음. **녕**(寧): 차라리. **도**(盜): 도둑, 훔치다.

진정한 지도자라면 백성들과 이익을 경쟁하지 않습니다. 예를 들어 대부의 가문에서는 닭이나 돼지를 기르는 작은 이익에 끼어들지 않습니다. 또 지금은 흔하지만 예전에는 여름에 얼음을 사용할 능력이 있는 집이 드물었습니다. 따라서 장례나 제사지낼 때 사시사철 얼음을 사용할 정도의 여유로운 가문이라면 소나 양을 길러 이익을 보려고 하지도 않습니다. 작은 이익을 탐하려 하지 않으려는 것입니다. 차라리 자신의 재물을 잃을지언정 차마 백성의 재산을 손상시키는 행위를 하지 않는다는 것입니다. 백성을 생각하는 그러한 자세가 의로운 행위이고 결과적으로 국가의 이익으로 귀결된다고 보고 있습니다.

윗사람이 혈구의 정신을 잘 이해하고 아랫사람의 이익을 침해해서

는 안될 것입니다. 비록 닭이나 돼지를 기름으로써 얻는 조그만 이익이라도 백성들과 다투어서는 안 되는데, 백성의 부모라는 책임의식을 망각하고 사적 이익만을 생각하는 지도라면 이미 지도자의 자격을 상실한 것이겠지요. 의로움이 이익이 된다는 이의위리以義爲利의 자세는 우리 모두를 향해 지도자가 지녀야 될 바람직한 모습일 것입니다. 『대학』에서는 재차 그 의미를 되새기면서 마무리합니다.

국가의 우두머리가 되어 재물을 긁어모아 쓰는 데만 힘쓰는 것은 반드시 소인의 써서 그렇게 되는 것이다. 소인이 하는 짓을 좋게 여겨 소인들에게 국가를 다스리게 한다면 천재天災와 인재人災가 함께 닥칠 것이니, 그때에는 아무리 잘한 점이 있더라도 어찌할 수 없을 것이다. 이것을 '국가는 재물의 이익을 이로움으로 여기지 않고 의로움을 이익으로 여겨야 한다'고 말하는 것이다.

長國家而務財用者는 必自小人矣니
　장 국 가 이 무 재 용 자　　필 자 소 인 의

小人之使爲國家면 菑(災)害竝至라
　소 인 지 사 위 국 가　　재　해 병 지

彼爲善之雖有善者나 亦無如之何矣니
　피 위 선 지　수 유 선 자　　역 무 여 지 하 의

此謂國은 不以利爲利요 以義爲利也니라
　차 위 국　　불 이 리 위 리　　이 의 위 리 야

※ **장**(長): 우두머리. **자**(自): ～부터. **재**(菑): 재해나 재앙의 의미인 재(災)와 같음.

위의 내용은 군자가 소인들의 꾀임에 빠져 잘못될 수도 있다고 하여 책임을 소인에게 전가하는 듯 해석될 수도 있습니다. 그래서 주자는 본문의 "피위선지彼爲善之" 전후에 빠진 글이나 잘못된 글자가 있는 듯하다고 의심하기도 하였습니다. 그러나 전체적으로 이익을 탐하는 소인들의 행위에 대한 비판은 여전합니다. 국가의 수장이 되어 혈구에 힘쓰지 않고 재화의 사용에 힘쓰는 것은 소인들의 꾀임에 빠졌기 때문이라는 것이지요. 혈구에 힘쓰는 것은 의리를 위한 것이고 재물을 모으기 위해 힘쓰는 행위는 사적인 이익을 위한 것입니다. 사적인 이익에만 몰두하는 것은 아무리 좋은 결과로 이어지더라도 장기적으로 볼 때 국가의 재난으로 이어질 수 있으므로 소인들이 추구하는 이익대신에 진정한 의로움의 길로 나아갈 것을 촉구하고 있습니다.

주자는 혈구지도의 의미를 되새기며 다음과 같이 정리합니다.

이 장의 뜻은 윗사람은 백성들이 좋아하는 것을 더불어 좋아하고 백성들이 싫어하는 것을 함께 싫어하여 이익을 독차지하지 않도록 힘쓰는데 있다. 이는 모두 혈구의 정신을 널리 미루어 나간 것이다. 윗사람이 이와 같이 한다면 어진 사람을 어질게 대하며 친하게 여길 사람을 친하게 대하며, 소인은 그가 즐겁게 해준 것을 즐겁게 여기고 그가 이롭게 해준 것을 이롭게 여겨親賢樂利 저마다 제자리를 얻어서 천하가 공평해질 것이다.[11]

11. 『대학장구』 10장. "此章之義, 務在與民同好惡而不專其利, 皆推廣絜矩之意也. 能如是, 則親賢樂利各得其所, 而天下平矣."

『대학』은 천하 모든 이들을 향한 지도자의 마음으로 끝을 맺습니다. 눈앞의 이익 추구를 넘어 모두를 향한 의로움을 진정한 이익으로 생각하고, 저마다가 자신의 자리에서 행복을 느끼며 살 수 있도록 도와줍니다. 이것은 바로 나도 살고 주변도 살리는 수기치인修己治人의 자세일 것입니다. 그 길에 동참하지 않으시렵니까?

『대학장구』원문

大學

경문 205자

大學之道, 在明明德, 在親民, 在止於至善. 知止而后有
定, 定而后能靜, 靜而后能安, 安而后能慮, 慮而后能得.
物有本末, 事有終始, 知所先後, 則近道矣. 古之欲明明
德於天下者, 先治其國; 欲治其國者, 先齊其家; 欲齊其
家者, 先脩其身; 欲脩其身者, 先正其心; 欲正其心者, 先
誠其意; 欲誠其意者, 先致其知; 致知在格物. 物格而后
知至, 知至而后意誠, 意誠而后心正, 心正而后身脩, 身
脩而后家齊, 家齊而后國治, 國治而后天下平. 自天子以
至於庶人, 壹是皆以脩身爲本. 其本亂而末治者否矣, 其
所厚者薄, 而其所薄者厚, 未之有也.

전문 1장~10장

1. 康誥曰: "克明德." 大甲曰: "顧諟天之明命." 帝典曰: "克明峻德." 皆自明也.

2. 湯之盤銘曰: "苟日新, 日日新, 又日新." 康誥曰: "作新民." 詩曰: "周雖舊邦, 其命惟新." 是故君子無所不用其極.

3. 詩云: "邦畿千里, 惟民所止." 詩云: "緡蠻黃鳥, 止于丘隅." 子曰: "於止, 知其所止, 可以人而不如鳥乎!" 詩云: "穆穆文王, 於緝熙敬止!" 爲人君, 止於仁; 爲人臣, 止於敬; 爲人子, 止於孝; 爲人父, 止於慈; 與國人交, 止於信. 詩云: "瞻彼淇澳, 菉竹猗猗. 有斐君子, 如切如磋, 如琢如磨. 瑟兮僩兮, 赫兮喧兮. 有斐君子, 終不可諠兮!" 如切如磋者, 道學也; 如琢如磨者, 自脩也; 瑟兮僩兮者, 恂慄也; 赫兮喧兮者, 威儀也; 有斐君子, 終不可諠兮者, 道盛德至善, 民之不能忘也. 詩云: "於戲前王不忘!" 君子賢其賢而親其親, 小人樂其樂而利其利, 此以沒世不忘也.

4. 子曰:"聽訟, 吾猶人也, 必也使無訟乎!"無情者不得
盡其辭. 大畏民志, 此謂知本.

5. 此謂知本, 此謂知之至也.

　※　蓋釋格物致知之義 而今亡矣. 間嘗竊取程子之意以
補之曰:"所謂致知在格物者, 言欲致吾之知, 在即物而窮
其理也. 蓋人心之靈莫不有知, 而天下之物莫不有理, 惟
於理有未窮, 故其知有不盡也. 是以大學始教, 必使學者
即凡天下之物, 莫不因其已知之理而益窮之, 以求至乎其
極. 至於用力之久, 而一旦豁然貫通焉, 則衆物之表裏精
粗無不到, 而吾心之全體大用無不明矣. 此謂物格, 此謂
知之至也."

6. 所謂誠其意者, 毋自欺也, 如惡惡臭, 如好好色, 此之
謂自謙, 故君子必慎其獨也. 小人閒居爲不善, 無所不至,
見君子而后厭然, 揜其不善, 而著其善. 人之視己, 如見
其肺肝然, 則何益矣. 此謂誠於中, 形於外, 故君子必慎
其獨也. 曾子曰:"十目所視, 十手所指, 其嚴乎!"富潤屋,
德潤身, 心廣體胖, 故君子必誠其意.

7. 所謂脩身在正其心者, 身有所忿懥, 則不得其正; 有所恐懼, 則不得其正; 有所好樂, 則不得其正; 有所憂患, 則不得其正. 心不在焉, 視而不見, 聽而不聞, 食而不知其味. 此謂脩身在正其心.

8. 所謂齊其家在脩其身者, 人之其所親愛而辟焉, 之其所賤惡而辟焉, 之其所畏敬而辟焉, 之其所哀矜而辟焉, 之其所敖惰而辟焉. 故好而知其惡, 惡而知其美者, 天下鮮矣! 故諺有之曰: "人莫知其子之惡, 莫知其苗之碩." 此謂身不脩不可以齊其家.

9. 所謂治國必先齊其家者, 其家不可教而能教人者, 無之. 故君子不出家而成教於國: 孝者, 所以事君也; 弟者, 所以事長也; 慈者, 所以使衆也. 康誥曰"如保赤子", 心誠求之, 雖不中不遠矣. 未有學養子而后嫁者也. 一家仁, 一國興仁; 一家讓, 一國興讓; 一人貪戾, 一國作亂; 其機如此. 此謂一言僨事, 一人定國. 堯舜帥天下以仁, 而民從之; 桀紂帥天下以暴, 而民從之; 其所令反其所好, 而民不從. 是故君子有諸己而后求諸人, 無諸己而后非諸人. 所藏乎身不恕, 而能喻諸人者, 未之有也. 故治國在齊其家. 詩云: "桃之夭夭, 其葉蓁蓁; 之子于歸, 宜其家人." 宜其家人, 而后可以教國人. 詩云: "宜兄宜弟." 宜兄宜弟, 而后可以教國人. 詩云:"其儀不忒, 正是四國." 其為父子兄弟足法, 而后民法之也. 此謂治國在齊其家.

10. 所謂平天下在治其國者: 上老老而民興孝, 上長長而民興弟, 上恤孤而民不倍, 是以君子有絜矩之道也. 所惡於上, 毋以使下; 所惡於下, 毋以事上; 所惡於前, 毋以先後; 所惡於後, 毋以從前; 所惡於右, 毋以交於左; 所惡於左, 毋以交於右: 此之謂絜矩之道. 詩云:"樂只君子, 民之父母." 民之所好好之, 民之所惡惡之, 此之謂民之父母. 詩云:"節彼南山, 維石巖巖, 赫赫師尹, 民具爾瞻." 有國者不可以不慎, 辟則為天下僇矣. 詩云:"殷之未喪師, 克配上帝; 儀監于殷, 峻命不易." 道得眾則得國, 失眾則失國. 是故君子先慎乎德. 有德此有人, 有人此有土, 有土此有財, 有財此有用. 德者本也, 財者末也, 外本內末, 爭民施奪. 是故財聚則民散, 財散則民聚. 是故言悖而出者, 亦悖而入; 貨悖而入者, 亦悖而出. 康誥曰:"惟命不于常." 道善則得之, 不善則失之矣. 楚書曰:"楚國無以為寶, 惟善以為寶." 舅犯曰:"亡人無以為寶, 仁親以為寶." 秦誓曰:"若有一个臣, 斷斷兮無他技, 其心休休焉, 其如有容焉. 人之有技, 若己有之, 人之彥聖, 其心好之, 不啻若自其口出, 寔能容之, 以能保我子孫黎民, 尚亦有利哉. 人之有技, 媢疾以惡之, 人之彥聖, 而違之俾不通,寔不能容, 以不能保我子孫黎民, 亦曰殆哉!"唯仁人放流之, 迸諸四夷, 不與同中國. 此謂唯仁人爲能愛人, 能惡人. 見賢而不能擧, 擧而不能先, 命也; 見不善而不能退, 退而不能遠, 過也. 好人之所惡, 惡人之所好, 是謂拂人之性, 菑必逮夫身. 是故君子有大道, 必忠信以得之, 驕泰以失之. 生財有大道, 生之者衆, 食之者寡, 爲之者疾, 用之者舒, 則財恒足矣. 仁者以財發身, 不仁者以身發財. 未有上好仁而下不好義者也, 未有好義其事不終者也, 未有府庫財非其財者也. 孟獻子曰:"畜馬乘不察於雞豚, 伐冰之家不畜牛羊, 百乘之家不畜聚斂之臣, 與其有聚斂之臣, 寧有盜臣."此謂國不以利爲利, 以義爲利也. 長國家而務財用者, 必自小人矣. 彼爲善之, 小人之使爲國家, 菑害並至. 雖有善者, 亦無如之何矣! 此謂國不以利爲利, 以義爲利也.